VON ECKARDSTEIN · SCHNELLINGER

Personalmarketing im Einzelhandel

Betriebswirtschaftliche Schriften

Heft 52

Personalmarketing im Einzelhandel

Eine Fallstudie

Von

Dr. D. von Eckardstein
Dr. F. Schnellinger

DUNCKER & HUMBLOT / BERLIN

Alle Rechte vorbehalten
© 1971 Duncker & Humblot, Berlin 41
Gedruckt 1971 bei Buchdruckerei Bruno Luck, Berlin 65
Printed in Germany
ISBN 3 428 02510 5

Vorwort

Die vorliegende Schrift möchte den Leser mit den Grundlagen einer mitarbeiterorientierten Personalpolitik, dem Personalmarketing, vertraut machen, das seine Entsprechung im Absatzmarketing, der kundenorientierten Absatzpolitik, findet. Personalmarketing in diesem Sinn stellt mehr als eine bloße Technik der Mitarbeiterführung und -behandlung dar, es ist darüber hinaus eine Maxime, die eine grundlegende Umgestaltung der Beziehungen zwischen Unternehmer und Mitarbeitern zum Inhalt hat. Personalmarketing fordert bewußt eine Abkehr von der Ideologie des „seid nett zueinander" und strebt stattdessen die Schaffung eines auf Gleichberechtigung und Offenheit für den Partner beruhenden Verhältnisses zwischen Unternehmung und Mitarbeitern an.

Die Schrift stellt in ihrem ersten Teil die Grundzüge des Personalmarketing dar; im zweiten Teil wird anhand einer Fallstudie aus dem Lebensmitteleinzelhandel (Fa. Novo-Markt) und ihrer Lösung gezeigt, wie Personalmarketing in die Praxis umgesetzt werden kann.

Zielgruppe dieser Schrift sind in erster Linie die Unternehmer des mittelständischen Einzelhandels. Auf sie ist auch die Fallstudie zugeschnitten. Dennoch sind die Ausführungen keineswegs so stark auf diese Gruppe ausgerichtet, daß sie nicht für jeden, der sich mit Personalpolitik beschäftigt, anregend sein könnten. Insbesondere dürfte sich die Schrift auch als Unterlage für die berufliche Fortbildung eignen.

Die Verfasser danken dem Bildungszentrum des Bayerischen Handels, vormals Verein für Berufsförderung im Handel e. V., München, für die großzügige materielle Förderung bei der Erarbeitung der Fallstudie. Herrn Dipl.-Kfm. M. Lange danken sie für die tatkräftige Unterstützung bei der Fallarbeit. Besonderen Dank schulden sie Herrn Prof. Dr. R. Nieschlag für die vielen Anregungen zu dieser Schrift. Auf seine Initiative gehen die ersten Fallstudien im Handel[1] zurück.

Dudo von Eckardstein *Franz Schnellinger*

München, im Januar 1971

---

[1] Vgl. *Dichtl*, E.: Die absatz- und kostenwirtschaftliche Prüfung eines Investitionsobjekts im Einzelhandel, erläutert anhand einer authentischen Fallstudie, Berlin 1969.

Inhaltsverzeichnis

A. Personalmarketing —
geistiges Rüstzeug zur Lösung von Personalproblemen

I. Einführung 9

II. Absatzmarketing als Grundlage des Personalmarketings 11
   1. Das Wesen des Absatzmarketing 11
   2. Absatzmarketing als „Philosophie" 12
   3. Absatzmarketing als Methode 13

III. Die Übertragung des Marketing-Denkens auf den Personalsektor der Einzelhandelsunternehmung 14
   1. Vergleich von Absatz- und Personalmarkt 14
   2. Philosophie des Personalmarketing 15
   3. Methode des Personalmarketing 17

IV. Überblick über die personalpolitischen Instrumente 20
   1. Führungsstil 20
   2. Schaffung von Verantwortungsbereichen 23
   3. Information der Mitarbeiter 25
   4. Personaleinsatz- und Freizeitregelung 26
   5. Berufliche Fortbildung und Personalentwicklung 28
   6. Entgeltpolitik 31
      a) Lohnpolitik 31
      b) Erfolgsbeteiligung 35
   7. Gewährung freiwilliger Sozialleistungen 37
   8. Personalwerbung 39

V. Die Kombination der einzelnen Instrumente in einer personalpolitischen Gesamtkonzeption 40

VI. Die Personalforschung 41

B. Die Fallstudie „Novo-Markt"

I. Allgemeines 49

II. Die Absatzsituation von Novo-Markt 49

III. Die Personalsituation von Novo-Markt 50

C. Ansätze zu einer Lösung des in der Fallstudie gestellten Problems

I. Analyse der Ausgangssituation 55

II. Maßnahmen zur Lösung des Personalproblems von Novo-Markt 59
    1. Verbesserte Führung der Mitarbeiter 59
    2. Übertragung größerer Verantwortung auf die Mitarbeiter 61
    3. Personalfortbildung 64
    4. Befreiung der überwiegend weiblichen Mitarbeiter von körperlich anstrengenden Arbeiten 65
    5. Beschäftigung zusätzlicher Teilzeitkräfte 66
    6. Personaleinsatz und Arbeitszeitregelung 68
    7. Lohnpolitik 73
    8. Freiwillige Sozialleistungen 83

Literaturverzeichnis 85

A. Personalmarketing —
geistiges Rüstzeug zur Lösung von Personalproblemen

I. Einführung

Jede Zeit hat ihre spezifischen Probleme. Anfänglich sind sie weithin unbekannt und werden allenfalls von einigen wenigen, über ihre Zeit hinausblickenden, Menschen gesehen; dann verdichten sie sich und erfüllen — als Voraussetzung zu ihrer Bewältigung — jedermanns Bewußtsein; schließlich verlieren sie wieder an Bedeutung, weil sie auf irgendeine Weise gelöst wurden, was zugleich den Boden bereit macht für das Entstehen neuer Probleme.

Diese allgemeine Aussage kann man gut auf die Entwicklung der Unternehmen des deutschen Einzelhandels übertragen. Auch er hat seine eigene Problemgeschichte, wie ein kurzer Rückblick erkennen läßt. So war seine Situation in der Kriegs- und ersten Nachkriegszeit allein durch das Problem gekennzeichnet, Ware zu beschaffen; der Absatz lief damals „von selbst". Nach der Währungsreform von 1948 begann sich dieses Problem in sein Gegenteil zu verkehren. Ware wurde allenthalben angeboten, jedoch bereitete es in zunehmendem Maße Schwierigkeiten, Abnehmer für sie zu finden. Diese Schwierigkeiten sind heute für viele Unternehmen existenzgefährdend, nicht wenige sind ihnen bereits zum Opfer gefallen; viele werden noch folgen. Andererseits ist unverkennbar, daß eine größere Zahl von Unternehmen des Einzelhandels das Absatzproblem in den Griff bekommen hat. Man kann das anhand der überdurchschnittlichen Entwicklung ihrer Umsätze überzeugend nachweisen. Diese Unternehmen haben sich ein Handwerkzeug geschaffen, das sie in die Lage versetzt, mit dem Absatzproblem fertig zu werden.

Während, wie gesagt, der Kampf um den Absatz für viele Unternehmen heute noch keineswegs positiv entschieden ist, ja teilweise härter denn je geführt wird, ist unversehens ein neues Problem aufgetaucht, das mittlerweile nahezu *alle* Einzelhandelsbetriebe in gleicher Weise beschäftigt: das Personalproblem. Noch vor zehn Jahren wäre einem Einzelhandelsunternehmer kaum in den Sinn gekommen, daß der Personalsektor seines Betriebes ihm so bald so große Schwierigkeiten bereiten würde.

Welcher Art diese Schwierigkeiten sind, wie sie sich äußern, ist jedem, der an verantwortlicher Stelle in der Betriebspraxis steht, wohlbekannt.

Es sei hier nur auf die hauptsächlichen Symptome hingewiesen, die alle in engem Zusammenhang miteinander stehen:

- Mangel an Mitarbeitern
- stärkerer Anstieg der Personalkosten als der Personalleistung
- Verkürzung der Arbeitszeit
- hoher Fluktuationsgrad
- hoher Krankenstand
- Unzuverlässigkeit und Interesselosigkeit mancher Mitarbeiter.

In Kreisen von Einzelhandelsunternehmern (und nicht nur dort) wird zuweilen die Auffassung vertreten, das Personalproblem sei in erster Linie Folge einer Wirtschaftspolitik, zu deren wichtigsten Zielen die Vollbeschäftigung, wenn nicht die Überbeschäftigung, gehöre. Sobald man diesem Ziel wieder seine Vorrangstellung nähme und bereit sei, ein „vernünftiges" Maß an Arbeitslosigkeit in Kauf zu nehmen, werde das Personalproblem aufhören zu existieren. In diesem Zusammenhang erinnert man sich gern an Zeiten, in denen „die Leute noch dankbar waren, wenn sie überhaupt Arbeit fanden", und der eine oder andere Unternehmer wünscht sich diese Zeiten zurück.

Das Argument von der Vollbeschäftigungspolitik als Ursache der Personalprobleme trifft insoweit zu, als die Personalprobleme ohne Zweifel durch eine fast 20 Jahre währende und nur wenige Male kurzfristig unterbrochene starke Nachfrage nach Arbeitskräften verschärft wurden. Diese wiederum ist eine Folge der expansiven Entwicklung unserer Wirtschaft in den letzten 20 Jahren und steht in der Tat in engem Zusammenhang mit der Vollbeschäftigungspolitik. Sicher wären die Schwierigkeiten im Personalbereich aller Unternehmen bei einer ins Gewicht fallenden Arbeitslosigkeit geringer.

Indes sollte man sich darüber im klaren sein, daß eine Arbeitslosigkeit Personalprobleme allenfalls vorübergehend *verdecken* oder ihr Auftreten zurückhalten kann; eine *Lösung* darf man sich von ihr jedoch kaum erhoffen, weil die eigentlichen Ursachen der Probleme großenteils tiefer liegen, und zwar in der weithin unzureichenden Beachtung der Erwartungen, die die Mitglieder bezüglich der Gestaltung ihrer Arbeitsbedingungen hegen.

Man macht es sich entschieden zu leicht, wenn man die Gründe für die Personalprobleme zu allererst in der Vollbeschäftigungspolitik sucht und auch zu finden meint. Abgesehen davon ist diese Interpretation, vor allem unter einzelwirtschaftlichem Aspekt, sehr verhängnisvoll; denn sie verstellt den Blick — indem sie die Schuld einer dritten Stelle zuschiebt — für die Möglichkeiten, aus eigener Kraft mit den Schwierigkeiten fertig zu werden. Die Besinnung auf die eigenen Möglichkeiten erscheint um so mehr geboten, als bislang keine Anzeichen für eine Beendigung der Vollbeschäftigungspolitik zu erkennen sind, eine Hilfe von außen also auch nicht zu erwarten ist.

Im folgenden wird dargestellt, wo eine Unternehmung am besten ansetzt, wenn sie ihre Personalprobleme aus eigener Kraft bewältigen will. Als geistiges Rüstzeug für dieses Vorgehen dient das *Personalmarketing,* von dem nun die Rede sein soll.

II. Absatzmarketing als Grundlage des Personalmarketing

Die Kernideen des Personalmarketing lassen sich am deutlichsten erklären, wenn man zunächst kurz auf das Absatzmarketing eingeht, aus dem heraus das Personalmarketing entstand. Gerade im Einzelhandel hat sich das Absatzmarketing als sehr erfolgreich erwiesen.

1. Das Wesen des Absatzmarketing

Absatzmarketing läßt sich in einem Satz als das Marktverhalten einer Unternehmung beschreiben, das darauf ausgerichtet ist, die *Bedürfnisse der Kunden zu befriedigen.* Hinter diesem Verhalten steht der Gedanke, man könne nur dadurch, daß man dem Kunden besondere Leistungen anbietet, die Notwendigkeit der eigenen Existenz als Marktteilnehmer unter Beweis stellen. Absatzmarketing als das Bemühen, besonders wertvolle Leistungen zur Verfügung zu stellen, entspringt grundsätzlich nicht allgemeiner Menschenfreundlichkeit, sondern der Überzeugung, daß die Kunden dieses Angebot durch ihre Käufe auch honorieren.

Marketing als Bestreben, die Nachfrage der Kunden auf das eigene Unternehmen zu lenken, ist nur verständlich in unserer heutigen Situation, die in weiten Bereichen durch ein Überangebot an Waren und Dienstleistungen gekennzeichnet ist. Dieses Überangebot schafft dem Kunden die Möglichkeit, frei zu wählen, wo er seinen Bedarf nach seiner Ansicht am vorteilhaftesten decken kann. Im Verhältnis zu den Anbietern genießt er aufgrund dieser Wahlmöglichkeit eine Machtposition. Er ist nicht mehr wie früher, zu Zeiten knappen Angebots, auf das Wohlwollen der Anbieter angewiesen, sondern die Verhältnisse haben sich umgekehrt.

Heute bemühen sich die Anbieter um sein Wohlwollen. Sie suchen dies dadurch zu erringen, daß sie in stärkerem Maße als ihre Mitbewerber den Wünschen der Kunden bei der Gestaltung des Angebots Rechnung tragen. In der Sprache des Marketing ausgedrückt, bemühen sie sich, in dem anonymen Gesamtmarkt durch ein kundengemäßes Angebot einen Teilmarkt oder Firmenmarkt zu errichten, auf dem sie der Macht ihrer Kunden ein Gegengewicht in Gestalt begehrter Leistungen entgegensetzen können. Sie sind bestrebt, Leistungen anzubieten, die von den potentiellen Kunden für so begehrenswert gehalten werden, daß diese bereit sind, sie zu kaufen und damit gleichzeitig auf den Erwerb anderer konkurrierender Leistungen zu verzichten.

2. Absatzmarketing als „Philosophie"

Erfolgreiches Absatzmarketing verlangt eine bestimmte geistige Einstellung dem Kunden gegenüber. Der Anbieter versteht sich als Diener seiner Kunden. Er versucht, sich in die Lage des Abnehmers hineinzuversetzen und die Probleme aufzuspüren, die diesen beschäftigen. Er macht sich gewissermaßen die Probleme des Kunden zu eigen, er bemüht sich, ihm zu helfen. Die Ausrichtung auf die Situation des Marktpartners bedingt gleichzeitig ein Hintanstellen der eigenen Schwierigkeiten. Sich in die Lage des Kunden zu versetzen, ist nur möglich, wenn man den eigenen Egoismus zurückstellt. Die geistige Einstellung, deren Ausfluß das beschriebene kundenzugewandte Verhalten ist, wird hier als die Philosophie des Absatzmarketing bezeichnet.

Diese Einstellung findet man kaum in der Situation des Verkäufermarktes, wo der Verkäufer mehr Macht als sein Kunde besitzt. Hier hängt der Kunde vom Verkäufer ab, ist ihm ausgeliefert. Auf dem Boden dieses Machtgefühls wachsen Egoismus und Selbstbezogenheit des Anbieters. Er kann es sich in dieser Situation leisten, nur an sich zu denken und all sein Handeln, sein Marktverhalten, einzig und allein nach dem Kriterium zu gestalten, ob es ihm selbst nützt oder nicht. Ob seine Marktpartner aus seinem Handeln einen Nutzen ziehen und wie groß dieser gegebenenfalls ist, erscheint als eine unwichtige Frage, weil der Marktpartner auf ihn angewiesen ist. Der Kunde wird aufgrund seiner Zwangslage auch noch mit einer schlechten Leistung „zufrieden" sein, weil er sonst überhaupt auf eine Leistung verzichten müßte. Kundenorientiertes Anbieterverhalten ist also untypisch für Verkäufermärkte.

Man trifft diese Philosophie dagegen sehr häufig bei Unternehmen, die sich auf einem Käufermarkt, also in der unterlegenen Position befinden und sich auch dort zu behaupten verstehen. Sie ist Voraussetzung ihres Erfolgs auf dem Markt, weil die Einstellung auf die Probleme der Kunden die Möglichkeit schafft, gezielt an ihrer Lösung zu arbeiten. Die Philosophie öffnet gewissermaßen dem Anbieter den Blick dafür, welche Güter und Dienste der Kunde benötigt. Nur wenn er die Probleme überhaupt erkennt, besteht die Aussicht, daß er sie durch sein Angebot einer Lösung näherbringen kann.

Fehlt diese Philosophie, so werden die Leistungen des Anbieters nur selten den Bedürfnissen des Kunden voll entsprechen. Es besteht dann die

Gefahr, daß der Anbieter am Markt „vorbeiarbeitet"; im Verkäufermarkt hat das nur für die Kunden, wie dargestellt, unangenehme Konsequenzen, weil sie eine schlechte, nicht ihren Erfordernissen entsprechende Lösung erhalten; für den Fall des Käufermarkts hingegen erwächst dem Anbieter aus dem Fehlen der Marketing-Philosophie die ernste Gefahr, daß die von ihm angebotenen Leistungen nicht mehr nachgefragt werden. Das ist aber langfristig gleichbedeutend mit seinem Ausscheiden aus dem Markt.

3. Absatzmarketing als Methode

Die Marketing-Philosophie als geistige Einstellung genügt jedoch allein noch nicht, um Erfolge am Markt zu erzielen. Es ist gleichermaßen erforderlich, daß sich das Bemühen um den Kunden auch kanalisiert, d. h. daß Wege gefunden werden, die Philosophie in praktischem Problemlösungsverhalten zu realisieren. Hierzu nützt auch der beste Wille allein nur wenig, wenn er sich nicht eines aufgabengerechten Handwerkzeugs bedient. Über das *Handwerkzeug* verfügt man in Gestalt der *Methode*[2] des Absatzmarketing.

Die Anwendung der Marketingmethode bezweckt, den Einfluß des Fingerspitzengefühls auf die Gestaltung des Marktverhaltens möglichst weitgehend durch eine *bewußte,* mit Tatsachen untermauerte, den eigenen Zielen entsprechende *Entscheidungsfindung* zu ersetzen. Die Marketingmethode ist das Hilfsmittel, mit dem sich die Marketing-Philosophie als Bemühen, die Probleme der Kunden zu lösen, systematisch in die Wirklichkeit umsetzen läßt.

Marketing als Methode verlangt, daß man sich bei seinen Entscheidungen über das Verhalten am Markt weniger als bislang von Intuition und hergebrachten Vorstellungen, sondern statt dessen hauptsächlich von *Wissen* leiten läßt. Der Einzelhandelsunternehmer, der Entscheidungen über das Marktverhalten seines Betriebes trifft, muß sich darüber klar werden, was er ganz konkret mit seiner Entscheidung erreichen will, d. h. er muß genau seine Marktziele kennen; er muß weiterhin wissen, welche Handlungsmöglichkeiten ihm grundsätzlich offenstehen, um seine Marktziele zu verfolgen, und wie sie sich in der gegebenen Marktsituation im Hinblick auf seine Marktziele voraussichtlich auswirken werden. Das Wissen über die wahrscheinliche Wirkung der Handlungsalternativen setzt eine genaue Kenntnis der marktlichen Situation voraus, die durch Absatzforschung gewonnen wird. Um hier zu befriedigenden Ergebnissen zu gelangen, benötigt man schließlich auch Wissen darüber, wie man sich

---

[2] Vgl. *Nieschlag,* R., E. *Dichtl* und H. *Hörschgen:* Einführung in die Lehre von der Absatzwirtschaft, 3. Auflage, Berlin 1970, S. 56 ff.

das erforderliche Wissen über den Markt (mittels der Absatzforschung) beschaffen kann.

Die folgende schematische Darstellung soll die Wissensorientierung des Absatzmarketing als Methode noch einmal verdeutlichen:

Wissen
1. was man will (Ziel)
2. mit welchen Mitteln (absatzpolitischen Instrumenten) man das Ziel erreichen könnte
3. wie mit die vorliegende Marktsituation erkennen kann und wie die absatzpolitischen Instrumente in der jeweiligen Situation voraussichtlich wirken (Absatzforschung)

Die Kenntnis der jeweiligen Marktsituation, die man durch die Absatzforschung erlangt, ermöglicht es, Voraussagen darüber anzustellen, wie die einzelnen absatzpolitischen Instrumente, z. B. Preispolitik, Sortimentspolitik, Werbung etc., wirken. Das Instrument oder die Instrumentengruppe, die den höchsten Erfolg im Hinblick auf das Marktziel erwarten läßt, ist optimal und muß eingesetzt werden.

Die Einhaltung dieser Methode, das systematische Vorgehen bei der Erarbeitung von Marktentscheidungen, hat sich immer wieder als wesentliche Voraussetzung für Marketing-Erfolge erwiesen. Systematisches Vorgehen trägt in hohem Maße dazu bei, daß durch die *Berücksichtigung alles Wißbaren* und durch die *bewußte Ausrichtung an den Marktzielen* vernünftiges und erfolgreiches Marktverhalten zustandekommt.

III. Die Übertragung des Marketing-Denkens auf den Personalsektor der Einzelhandelsunternehmung

1. Vergleich von Absatz- und Personalmarkt

Es sind vor allem zwei Gesichtspunkte, die es nahelegen, den Personalmarkt mit dem Absatzmarkt zu vergleichen. Erstens bietet es sich an, die Arbeitsplätze, die ein Unternehmen besetzen bzw. besetzt halten möchte, als eine Ware zu betrachten, die es auf dem Markt für Arbeitsplätze, dem Personalmarkt, an Mitarbeiter verkaufen will. Das Unternehmen ist wie auf dem Warenmarkt auch hier Anbieter; Nachfrager sind Mitarbeiter, die bereits im Unternehmen tätig sind oder die erwägen, dort einmal tätig zu werden.

Zweitens herrscht auf diesem Markt seit langem, von kurzfristigen Unterbrechungen abgesehen, ein Überangebot, genauso wie auf den meisten Warenmärkten. Wie eingangs schon dargestellt, sind die Nachfrager auf beiden Märkten aufgrund des drängenden Angebots in eine Machtposition hineingewachsen, die es ihnen ermöglicht, nicht mehr jedes Angebot zu akzeptieren, sondern sorgfältig auszuwählen, was ihren Erfordernissen und Bedürfnissen entspricht.

Angesichts dieses Sachverhalts drängt es sich geradezu auf, das Marketing-Denken, das sich im Absatzbereich der Unternehmungen in den vergangenen 15 Jahren als so erfolgreich erwiesen hat, auch auf den Personalbereich zu übertragen. Man kann dann ebenso wie von Absatzmarketing auch von Personalmarketing sprechen.

Der Grundgedanke des Personalmarketing zielt darauf ab, die „Ware" Arbeitsplatz so zu gestalten, daß sie den Erwartungen der Mitarbeiter entgegenkommt und ihnen zur Erfüllung ihrer Bedürfnisse so wertvoll und attraktiv erscheint, daß sie auf den Eintritt in andere Unternehmungen verzichten. Wenn es dem Unternehmen gelingt, dieses Ziel zu erreichen, dann schafft es sich gleichzeitig eine besondere Stellung auf dem weithin anonymen Personalmarkt; dann baut es sich einen Firmenmarkt auf, auf dem es der Machtposition der Mitarbeiter als den Nachfragern ein Gegengewicht in Gestalt seiner besonderen, auf die Mitarbeiter zugeschnittenen Leistungen entgegensetzen kann.

2. Philosophie des Personalmarketing

Freilich wird es auch auf den Personalmärkten ebensowenig wie auf den Absatzmärkten gelingen, erfolgreiches Marketing zu betreiben, wenn eine Marketing-Philosophie fehlt. Sich diese Philosophie zu erarbeiten, fällt dem Unternehmer gerade im Personalbereich besonders schwer; denn sie erfordert ein Umdenken von Grund auf und ein Abschiednehmen von langjährigen Traditionen, die sich in der Vergangenheit als praktisch und bequem erwiesen haben und die bislang von kaum jemandem in Frage gestellt wurden. Die Philosophie des Personalmarketing verlangt nichts weniger, als daß sich die Unternehmung nunmehr als „Dienerin" ihrer Mitarbeiter versteht. Sie fordert, daß alle Handlungen ganz bewußt daraufhin überprüft werden, ob sie den Interessen der Mitarbeiter entgegenkommen oder nicht. Die Philosophie des Absatzmarketing war demgegenüber noch leicht zu „verkraften", weil der Gedanke, *für die Kunden* zu arbeiten, den meisten nicht so fremd erschien und erscheint wie die Forderung, *für die Mitarbeiter* da zu sein. Dies zu akzeptieren, fällt besonders schwer, wenn man sich klar macht, daß nach den landläufigen Vorstellungen die Mitarbeiter immer für die Unternehmung da waren und von ihr als Diener bei der Erfüllung der Unternehmensziele betrachtet wurden. Die Philosophie des Personalmarketing strebt also eine völlige Umkehrung althergebrachter Vorstellungen über das Verhältnis von Unternehmer und Mitarbeitern an.

Sich diese Philosophie zu eigen zu machen, gelingt vielen Einzelhandelsunternehmern nur unter großen Schwierigkeiten, manchen ist es ganz unmöglich; denn diese Philosophie setzt voraus, daß man sein eigenes Verhalten im Betrieb in Frage stellt, indem man versucht, sich selbst und sein Verhalten mit den Augen der Mitarbeiter zu sehen und zu empfinden, wie man selbst auf die Mitarbeiter wirkt. In einer Situation, in der die Mitarbeiter sich der Unternehmung gegenüber in einer Machtposition befinden, aus der heraus sie regelmäßig mit beträchtlichen Forderungen verschiedener Art an die Unternehmung herantreten, erscheint die Philosophie des Personalmarketing besonders schwer begreifbar, weil man sich sehr oft von den Mitarbeitern gewissermaßen an die Wand gedrängt fühlt und meint, ihnen ginge es ohnehin schon viel zu gut. Sie dächten immer nur an sich, wollten einerseits weniger arbeiten, andererseits mehr Geld und Freizeit haben und interessierten sich nicht für die Arbeit. Sich noch auf sie einzustellen, alles Handeln auch noch freiwillig an ihren immer wachsenden Bedürfnissen und steigenden Erwartungen auszurichten, sei reine Selbstaufgabe. Lieber wolle man die eigene Position ihnen gegenüber dort, wo es noch geht, so lange und so nachdrücklich verteidigen wie nur möglich. Zum Nachgeben werde man ohnehin häufig genug durch sie gezwungen. Außerdem habe man die Verantwortung für den Fortbestand des Geschäfts zu tragen, die einem niemand abnimmt.

Dieses Denken ist für viele Einzelhandelsunternehmer in der heutigen Situation ebenso typisch wie verständlich. So verständlich es aber erscheinen mag, so wenig darf man darüber im unklaren bleiben, daß es den Hauptgrund für den Mißerfolg der bisherigen Personalpolitik bzw. für die vielen immer wieder neu auftretenden Schwierigkeiten darstellt. Solange diese Mentalität nicht durch die beschriebene Philosophie des Personalmarketing abgelöst wird, solange wird sich die Auseinandersetzung mit den Mitarbeitern eher noch verschärfen, und die Mitarbeiter werden ihre Machtposition dabei voll ausspielen, weil sie inzwischen am längeren Hebel sitzen und keinerlei Veranlassung sehen, sich in dieser Auseinandersetzung zurückzuhalten. Den Unternehmer scheint das fordernde Verhalten der Mitarbeiter zu bestätigen; er fühlt sich, wenn er nicht schon resigniert hat, zu noch mehr Härte veranlaßt, wo er noch Härte einsetzen kann, und so schaukelt sich auf unheilvolle Weise eine Auseinandersetzung hoch, deren Ausgang ziemlich genau feststeht, nur vom Unternehmer noch nicht gesehen wird: er wird der Unterliegende sein.

Da der Unternehmer auf die Mitarbeiter angewiesen ist, und nicht umgekehrt, sollte man in erster Linie von *ihm* Initiativen zur Beendigung der Auseinandersetzung erwarten, so schwer ihm diese auch fallen mögen.

Er wird sich klar machen müssen, daß er sich mit Verbitterung, Verhärtung und Erregung in der Auseinandersetzung einen Luxus leistet, der über seine Kräfte geht. Er muß versuchen, seine Nüchternheit und Unbefangenheit wiederzugewinnen; denn diese beiden Eigenschaften benötigt er, um die Situation, in der er sich befindet, vorurteilslos zu sehen, anzuerkennen und sich darin eine neue Position zu schaffen.

Wenn es dem Unternehmer gelingt, sich von den gefährlichen, weil blind machenden, Gefühlen und der Denkweise, die für die Zeit der Auseinandersetzung typisch sind, zu befreien, wird er deutlich sehen können, was ihm bislang verborgen geblieben war oder was er allenfalls erahnte, aber nicht wahrhaben konnte und wollte:

` Er wird sehen, daß die Mitarbeiter sich insgesamt verändert haben. Sie haben sich emanzipiert und sind selbstbewußt geworden. Sie kennen ihren eigenen Wert und sind nicht mehr bereit, sich unter diesem Wert zu „verkaufen". Sie sind nicht willens, alles, was ihnen vom Betrieb oder vom Chef angeboten wird, widerspruchslos hinzunehmen. Sie sind, wenn man ein Schlagwort verwenden will, *mündig* geworden und verlangen, entsprechend behandelt zu werden.

Dem Unternehmer, der an seiner alten Stellung festhalten will, mag diese Sicht in höchstem Maße besorgniserregend erscheinen, weil sie seine Position in Frage stellt. Er wird sich deshalb scheuen, diese Erkenntnis für sich zu akzeptieren. Er verharrt in der Verteidigung seines alten Standpunktes oder er resigniert, wie man im Fall Novo-Markt an Erwin Markus deutlich erkennen kann[3].

Wem es jedoch gelingt, umzudenken und die Philosophie des Personalmarketing anzunehmen, dem eröffnen sich aus der veränderten Einschätzung der Mitarbeiter große Möglichkeiten zu neuer, fruchtbarer Zusammenarbeit. Diese Zusammenarbeit wird um so erfolgreicher werden, je mehr die Personalpolitik der Wandlung der Mitarbeiter Rechnung trägt.

3. Methode des Personalmarketing

Für das Personalmarketing gilt sinngemäß dasselbe wie für das Absatzmarketing. Die Philosophie ist nur *eine* Komponente des Erfolgs; hinzukommen muß außerdem das methodische Handwerkzeug, damit die Philosophie auf sinnvolle Weise in die Praxis der Personalpolitik umgesetzt werden kann.

Personalmarketing als Methode beschreibt das Vorgehen, das bei der Umsetzung und praktischen Verwirklichung der Philosophie zu befolgen

---

[3] Vgl. dazu S. 49 ff. dieser Schrift.

ist. Es ist ein *systematisches* Vorgehen, bei dem wiederum Fingerspitzengefühl, Intuition und traditionelle Vorstellungen weitgehend ersetzt werden durch ein wissenorientiertes Verhalten. Dieses Wissen bezieht sich
— auf das jeweilige Ziel, über das man sich klar zu werden hat,
— auf die grundsätzlich in Frage kommenden Handlungsmöglichkeiten oder personalpolitischen Instrumente, mit denen man das Ziel erreichen könnte,
— auf die Kenntnis der Wirkungen, die sich in der konkreten Situation durch das jeweilige Instrument voraussichtlich entfalten lassen.

Darüber hinaus betrifft es die Frage, auf welche Weise man das Wissen durch die Personalforschung als das Mittel der Gewinnung von Informationen erlangt. Diese Informationen gestatten es, die Wirkung der verschiedenen personalpolitischen Instrumente in bestimmten Situationen im Hinblick auf bestimmte Ziele zu prognostizieren. Personalmarketing baut also wie Absatzmarketing in starkem Maße auf Wissen auf. Der Personalforschung im Personalmarketing entspricht die Absatzforschung im Absatzmarketing. Beiden ist die Aufgabe der Informationsgewinnung zur Abstützung der personalpolitischen bzw. der absatzpolitischen Maßnahmen gemeinsam. Die schematische Darstellung über die Bedeutung des Wissens beim Zustandekommen personalpolitischer Entscheidungen gilt deshalb hier in gleicher Weise[4].

Das Zustandekommen einer Entscheidung über Maßnahmen, die geeignet sind, die Arbeitsplätze im Sinne des Personalmarketing als Angebot an die Mitarbeiter wertvoller und attraktiver zu machen, kann man unter methodischem Gesichtspunkt in einer Stufenfolge beschreiben.

Die erste Stufe besteht darin, zunächst einmal ein Problem zu entdecken, das nach einer Lösung verlangt. Der Einzelhandelsunternehmer hat z. B. den Eindruck, daß einer seiner Mitarbeiter in zunehmendem Maße unzufrieden wird. Durch Beobachtung oder auf andere Weise hat der Unternehmer diesen Sachverhalt bemerkt. Die Unzufriedenheit ist ihm als Problem bewußt geworden. Aus diesem Problem leitet er nun ein Ziel ab, das er als Zufriefenstellen des Mitarbeiters bezeichnen könnte.

Nun könnte er, um dieses Ziel zu erreichen, dem Mitarbeiter eine Gehaltsaufbesserung gewähren und diese Maßnahme etwa folgendermaßen vor sich begründen: „Der Mann ist immer recht willig gewesen. Ich muß ihn mir halten, und mit mehr Geld konnte man bislang noch ziemlich jeden wieder zufriedenstellen." So etwa hat sich — wie aus der Fallstudie zu ersehen ist — auch Erwin Markus verhalten; auftauchende Probleme hat er mit Gehaltserhöhungen zu bekämpfen versucht; sein

---
[4] Vgl. S. 14.

Unglück war nur, daß dieser teuere Weg nicht zum Erfolg führte; denn er berücksichtigte nicht die *Ursache* des Problems, sondern kurierte nur an äußeren Symptomen herum.

Die zweite Stufe des personalpolitischen Entscheidungsprozesses hat deshalb, um das Problem späterhin gezielt angehen zu können, zunächst eine Analyse seiner Ursachen zum Inhalt. Im vorliegenden Beispiel hat sich der Einzelhandelsunternehmer zunächst zu fragen, was der Grund für die Unzufriedenheit des Mitarbeiters ist. Seine Unzufriedenheit könnte z. B. von privaten Schwierigkeiten herrühren, so daß ihr mit betrieblichen Maßnahmen überhaupt nicht begegnet werden kann. Oder die Unzufriedenheit kann einer starken Arbeitsüberlastung entspringen. In diesem Fall wäre eine Gehaltserhöhung allenfalls als ein *zusätzliches* Mittel wirksam; die entscheidende Maßnahme wäre eine andere Arbeitsverteilung, wobei diesem Mitarbeiter bestimmte Aufgaben abgenommen werden müßten. Als Voraussetzung zur Erreichung der Ziele geht es in der zweiten Stufe deshalb darum, genau zu erfassen, von welchen Faktoren die Verwirklichung des Ziels abhängt.

Ist dies erfolgt, kann man sich der dritten Stufe zuwenden. Hier sind *alle* personalpolitischen Instrumente, über die die Unternehmung verfügt, systematisch daraufhin zu untersuchen, ob und auf welche Weise sie auf die Faktoren, von denen die Verwirklichung des Ziels abhängt, einwirken und ob sie geeignet sind, die Unternehmung dem angestrebten Ziel näherzubringen. Die dritte Stufe des personalpolitischen Entscheidungsprozesses besteht also darin, die Wirkungen jedes einzelnen personalpolitischen Instruments bezüglich des gesetzten Zieles vorauszusagen. Das Instrument oder die Instrumente, mit denen sich das Ziel am günstigsten erreichen läßt, wird man dann einsetzen. Der Prozeß der personalpolitischen Entscheidung wird mit der Realisierung der getroffenen Entscheidung abgeschlossen.

Zusammenfassend seien noch einmal die drei Stufen[5] des personalpolitischen Entscheidungsprozesses, der Ausdruck des Personalmarketing als Methode ist, wiederholt.

Stufe 1   Formulierung eines Zieles aufgrund eines bestimmten Problems

Stufe 2   Analyse der Faktoren, von denen die Verwirklichung des Ziels abhängt (Problemanalyse)

Stufe 3   Prognose der Wirkungen der verschiedenen personalpolitischen Instrumente bezüglich der Erreichung des Ziels und Auswahl des optimalen Instruments bzw. der optimalen Instrumentekombination.

---
[5] Vgl. *Heinen,* E.: Einführung in die Betriebswirtschaftslehre, 3. Auflage, Wiesbaden 1970, S. 18 ff.

Es liegt auf der Hand, daß dieser Stufenprozeß nur dann befriedigend ablaufen kann, wenn auf jeder Stufe bestimmte Informationen zur Verfügung stehen. Auf der ersten Stufe werden Informationen benötigt, die auf die Existenz eines Problems aufmerksam machen. Schließlich mußte die Unzufriedenheit eines Mitarbeiters erst einmal erkannt werden, ehe man das Ziel formulieren konnte, ihn wieder zufriedenzustellen. Auf der zweiten Stufe, bei der Problemanalyse, bedarf es einer Vielzahl von Informationen, um über die Natur und die Ursache des Problems Klarheit zu erlangen. Informationen sind schließlich auf der letzten Stufe bei der Wirkungsprognose von großer Bedeutung; denn auf sie muß sich die Prognose stützen, wenn sie zutreffen soll. Die Informationen verkörpern das Wissen, von dem an anderer Stelle schon ausführlich die Rede war. Man gewinnt es, indem man *Personalforschung* betreibt. Personalforschung ist das Verfahren zur Beschaffung von Informationen, mit denen man den Einsatz der personalpolitischen Instrumente untermauert. Personalforschung hat im Rahmen des Personalmarketing eine ebenso große Bedeutung wie die Personalpolitik als Ausdruck des Einsatzes einzelner Instrumente.

Auf die wichtigsten Möglichkeiten der Personalforschung wird später noch eingegangen. Zunächst werden im folgenden die verschiedenen personalpolitischen Instrumente, über die der Einzelhandelsunternehmer zur Lösung personalpolitischer Probleme verfügt, kurz umrissen.

IV. Überblick über die personalpolitischen Instrumente

Personalpolitische Instrumente sind Mittel, die personalpolitische Probleme lösen helfen. Mit ihnen gestaltet der Betrieb die Beziehungen zu seinen Mitarbeitern[6]. Sie sollen die Erfüllung der beiden Hauptaufgaben betrieblicher Personalpolitik, Gewinnung und Erhaltung einer qualifizierten Mitarbeiterschaft sowie Steigerung der Mitarbeiterleistung, gewährleisten. Im Sinne des Personalmarketing dienen sie dazu, die Arbeitsplätze, die der Betrieb besetzen möchte, entsprechend den Erwartungen und Bedürfnissen der Mitarbeiter einzurichten und immer weiter zu verbessern.

1. Führungsstil

Mit Führen ist das persönliche Verhalten des Unternehmers und der übrigen Personen mit Vorgesetztenrang angesprochen, durch das sie die

---

[6] Vgl. *Nieschlag*, R.: Das Problem der Systematisierung personalpolitischer Maßnahmen, in: Verantwortliche Betriebsführung, Festschrift zum 70. Geburtstag von G. Fischer, hrsg. von E. Gaugler, Stuttgart 1969, S. 197 - 209.

IV. Überblick über die personalpolitischen Instrumente

Mitarbeiter veranlassen wollen, ihre Aufgaben im Betrieb zu erfüllen. Mit der Entscheidung für einen bestimmten Führungsstil wird dieses Verhalten in seinen Grundzügen festgelegt und damit gleichzeitig auch als Reaktion darauf das Verhalten der Mitarbeiter.

Für den Führungsstil als Ausprägung eines Verhaltens im Betrieb gilt dasselbe wie für persönliche Beziehungen in anderen Lebensbereichen: wenn sich jemand in einer bestimmten Weise einem anderen gegenüber verhält, wird der andere zumeist in einer entsprechenden Weise reagieren. Für die gegenseitige Entsprechung von Verhaltensweisen ließen sich unzählige Beispiele nennen. So wird etwa Feindseligkeit nur selten mit Friedfertigkeit, sondern fast immer ebenfalls mit Feindseligkeit beantwortet usw. Der Sachverhalt, um den es hier geht, klang bereits bei der Erörterung der Philosophie des Personalmarketing an.

Grundsätzlich sind zwei völlig entgegengesetzte Führungsstile zu unterscheiden: der autoritäre und der auf Zusammenarbeit beruhende oder kooperative Führungsstil.

Der *autoritäre* Führungsstil läßt sich grob auf folgende Weise veranschaulichen: er ist vor allem dadurch gekennzeichnet, daß alle Entscheidungen, solche von großer wie solche von geringer Tragweite, beim Unternehmer oder Vorgesetzten liegen. Die Mitarbeiter werden vom Chef ausschließlich als ausführende Organe betrachtet, die seinen Anweisungen Folge zu leisten haben. In den Augen des Vorgesetzten sind sie zu eigenem Denken ohnehin nicht oder zumindest im Betrieb nicht fähig bzw. wollen es auch gar nicht. Den Mitarbeitern ist es nicht gestattet, Anweisungen nach Inhalt oder Form zu kritisieren; ihre Berechtigung erwächst allein daraus, daß sie vom Chef ausgehen. Der Chef hat recht, nicht weil es der Sache entspricht, sondern — pointiert ausgedrückt — weil er der Chef ist. Ihm ist es gestattet, überall nach seinen Vorstellungen bestimmend einzugreifen.

Dieses Verhalten des Vorgesetzten zieht als Reaktion ein ganz bestimmtes Verhalten der Untergebenen nach sich. Die aktiven Mitarbeiter, die Wert auf Selbständigkeit legen, verlassen das Geschäft im Laufe der Zeit bzw. treten dort überhaupt nicht ein. Zurück bleiben die weniger aktiven, die bereit sind, sich in ihrer Selbständigkeit einschränken zu lassen. Da ihr Interesse am Geschäft nicht verlangt bzw. sogar unterdrückt wird, geben sie es sehr bald auf, sich über den Betrieb oder über ihre Arbeit Gedanken zu machen. Ihnen ist es gleichgültig, was dort geschieht, sie tun nur das, was ihnen der Chef aufträgt, und das auch ohne innere Beteiligung. Sobald der Vorgesetzte abwesend ist oder sie nicht kontrolliert, hören sie auf zu arbeiten oder verringern zumindest ihr Arbeitstempo[7]. Sie sind tatsächlich völlig zum ausführenden Organ ge-

---

[7] Vgl. *Bornemann*, E.: Betriebspsychologie, Wiesbaden 1967, S. 99 ff.

worden und entsprechen damit genau der Erwartung ihres Vorgesetzten, der sich durch ihr Verhalten in seinem Führungsstil nicht zu Unrecht bestätigt sieht. Hier schaukelt sich ein verhängnisvoller Teufelskreis auf. Fatal daran ist, daß beide Seiten keinerlei Anlaß zu einer Änderung ihres Verhaltens sehen; jede Seite fühlt sich durch das Verhalten der anderen bestätigt.

Es wird hieraus ersichtlich, daß sich der autoritäre Führungsstil seine Berechtigung und Notwendigkeit selbst schafft. Eine Änderung würde verlangen, daß man sich zunächst über die Notwendigkeit hinwegsetzt. Ehe man aber als Reaktion auf eine eigene Verhaltensänderung wesentliche Veränderungen bei den Mitarbeitern erwarten darf, wird viel Zeit vergehen, weil auch die Mitarbeiter eingefahrene Verhaltensweisen nicht von heute auf morgen abändern können und überdies die selbständigsten den Betrieb längst verlassen haben.

Der *kooperative* Führungsstil dagegen tendiert dahin, alle Mitarbeiter in die Entscheidungen zumindest insoweit einzubeziehen, als sie Fragen der Arbeit und der Arbeitsbedingungen des einzelnen betreffen. Er appelliert an die Beteiligung und das Mitwirken der Mitarbeiter bei der Gestaltung des Geschäftsablaufs. Er verzichtet großenteils auf Anweisungen durch den Chef, weil die Mitarbeiter die meisten Fragen in eigener Verantwortung regeln können und auch sollen.

Der Unternehmer konzentriert sich auf die grundlegenden Probleme der Geschäftspolitik. Er entscheidet auch hier nicht allein, sondern vergewissert sich des Rats seiner Mitarbeiter. Er ist davon überzeugt, daß sich die besten Entscheidungen durch die Unterstützung und Bejahung seiner Mitarbeiter auszeichnen. Die Mitarbeiter sind selbstbewußt und dem Chef und dem Betrieb gegenüber anspruchsvoll, was es manchmal unbequem erscheinen läßt, sie zu führen, da sie *überzeugt* werden wollen. Sie zu führen bedeutet, sich in ständiger Auseinandersetzung mit ihnen zu befinden. Dabei geht es allerdings kaum um das Ausspielen von Machtpositionen, sondern um das Aushandeln und Durcharbeiten von Sachfragen. Das Ergebnis dieser Auseinandersetzungen sind Entscheidungen, mit denen sich die Mitarbeiter identifizieren und für deren Verwirklichung sie sich einsetzen. Autorität als Ausfluß der Chefposition zählt nicht für die Mitarbeiter; dagegen sind sie bereit, fachliche und persönliche Autorität zu akzeptieren.

Vergleicht man die Wirkungen des kooperativen mit denen des autoritären Führungsstils hinsichtlich des Verhaltens und der Denkweise der Mitarbeiter, so fällt beim kooperativen Führungsstil sofort ein völlig anderes geistiges Klima im Betrieb auf. Er verbindet selbständige und selbstbewußte Mitarbeiter durch die Lösung gemeinsamer Aufgaben. Je selbständiger die Mitarbeiter sind, um so mehr können sie für die gemeinsame

Aufgabenbewältigung einbringen. Kooperativer Führungsstil leitet einen positiven Hochschaukelungsprozeß ein. Die Einbeziehung der Mitarbeiter in betriebliche Entscheidungen unter gleichzeitiger Respektierung ihrer Selbständigkeit veranlaßt sie, intensiver an der Entscheidungsfindung mitzuarbeiten und sich um gute Entscheidungen zu bemühen. Dieser Erfolg ermutigt den Unternehmer, den eingeschlagenen Weg fortzusetzen und die Intensität der Zusammenarbeit zu steigern, und so fort. Mitarbeiter wie Unternehmer bzw. Vorgesetzter ermuntern sich gegenseitig, ihre erfolgreiche Zusammenarbeit zu vertiefen.

Unter dem Gesichtspunkt des Personalmarketing ist nur der kooperative Führungsstil geeignet, den Erfordernissen und Erwartungen emanzipierter und selbstbewußter Mitarbeiter zu entsprechen. Er leistet einen wesentlichen Beitrag zur Erhöhung des Werts der Arbeitsplätze.

2. Schaffung von Verantwortungsbereichen

Die Praktizierung eines auf Zusammenarbeit zwischen Unternehmer und Mitarbeitern beruhenden Führungsstils erfordert auch, daß den Mitarbeitern ein möglichst hohes Maß an Verantwortung übertragen wird. Viele qualifizierte Mitarbeiter sind gleichermaßen bereit und fähig zur Übernahme von Verantwortung. Wenn man sich überdies klarmacht, daß der Unternehmer, wenn er alle oder fast alle Entscheidungen von größerer oder geringerer Tragweite selbst trifft, total überlastet ist und zu seiner wichtigsten Aufgabe, der Festlegung der Unternehmenspolitik, aus Zeitmangel nicht kommt, so erscheint seine Entlastung durch Delegation von Entscheidungen an die Mitarbeiter als sehr wichtig.

Entschließt man sich zu dieser Maßnahme, so hängt das Gelingen vor allem davon ab, daß Verantwortung möglichst uneingeschränkt übertragen wird und daß sich die einzelnen Verantwortungsbereiche nicht überschneiden. Uneingeschränkte Verantwortung verlangt alleinige Zuständigkeit eines bestimmten Mitarbeiters für einen bestimmten Entscheidungsbereich. In diesem Sinne geht es nicht an, daß der Unternehmer nach Belieben in die Bereiche „hineinregiert", die er der Verantwortung seiner Mitarbeiter übertragen hat. Dadurch würde er dem Mitarbeiter einen Teil der zuvor übertragenen Verantwortung wieder abnehmen; der Mitarbeiter würde sofort bemerken, daß es der Chef mit der Delegation nicht ernst meint, und deshalb auch kein Verantwortungsgefühl entwickeln und bei der konkreten Arbeit unter Beweis stellen.

Die vom Vorgesetzten nicht ernst genommene und konsequent durchgehaltene Delegation von Verantwortung wird sich deshalb als Fehlschlag erweisen und nicht zur gewünschten Entlastung führen. Eventuellen Einwänden, der Unternehmer verliere ja seinen Einfluß auf das

Geschäft, wenn er Verantwortungsbereiche vollständig abgäbe, muß widersprochen werden; denn er hat nach wie vor die Möglichkeit, gemeinsam mit dem betreffenden Mitarbeiter die Richtlinien der Entscheidung in diesem Verantwortungsbereich festzulegen. Tauchen in dem Verantwortungsbereich unerwartet schwierige Probleme auf, so können sie mit dem Bereichsleiter *gemeinsam* aufgegriffen und gelöst werden.

Weiterhin ist mit Schwierigkeiten zu rechnen, wenn eine bestimmte allein zu bewältigende Aufgabe an mehrere Mitarbeiter verteilt wird. Es muß dann befürchtet werden, daß sie in Rivalität verfallen und ihre Energie auf einen Machtkampf statt auf die Aufgabe selbst verlegen oder daß sie sich alle nicht verantwortlich fühlen und versuchen, die Aufgabe an einen anderen abzuschieben, der seinerseits genauso verfährt.

Die Festlegung der Entscheidungsrichtlinien zusammen mit dem Mitarbeiter ist überdies Bestandteil der Führungsaufgabe des Unternehmers und darf deshalb auch gar nicht abgegeben werden. Betrachtet man die Schaffung von Verantwortungsbereichen für die Mitarbeiter unter Marketinggesichtspunkten, so zeigt sich, daß diese Maßnahme den Wert des Arbeitsplatzes in den Augen des Mitarbeiters wesentlich erhöhen kann; denn die wenigsten Mitarbeiter sind damit zufrieden, als unselbständige „Befehlsempfänger" rein ausführende Tätigkeiten zu verrichten. Vielmehr wünschen die meisten Verantwortung und einen Bereich, in dem sie weitgehend selbständig sind. Sie möchten ihre Tätigkeit selbst gestalten. Dies gilt in gleichem Maße für Frauen wie für Männer. Verantwortlich zu sein, entspricht einem menschlichen Bedürfnis und stärkt die Selbstachtung und das Selbstbewußtsein, das jeder Mensch braucht. Wie stark diese Bedürfnisse sind, kann jeder Unternehmer selbst empfinden, wenn er sich vorstellt, er solle seine Unternehmerrolle mit der z. B. eines Kassierers in einem Supermarkt vertauschen.

Für den Betrieb bedeutet die Delegation von Verantwortung außer der schon erwähnten Entlastung des Chefs, daß die Mitarbeiter sich in stärkerem Maße als bisher mit den ihnen übertragenen Aufgaben identifizieren und sich für ihre Ausführung einsetzen. Der Unternehmer kann sich jetzt darauf verlassen, daß die Arbeiten sorgfältig verrichtet werden; denn die Mitarbeiter setzen ihren Ehrgeiz daran, ihren Verantwortungsbereich in guter Ordnung zu halten. Gute Arbeit fällt ja auf sie selbst zurück. So ist z. B. sehr exakt nachzuweisen, daß Fluktuation und Krankenstand bei Mitarbeitern mit Verantwortungsbereichen wesentlich geringer sind als bei Mitarbeitern ohne nennenswerte Verantwortung. Ebenso ist festzustellen, daß die Lernwilligkeit steigt.

Nicht selten wird der Forderung nach Einrichtung von Verantwortungsbereichen entgegengehalten, die Betriebe seien zu klein, ein Mitarbeiter müsse dort meist je nach Bedarf eine Vielzahl unterschiedlicher Tätigkeiten ausführen. Außerdem seien die Mitarbeiter wegen ihrer die Öffnungszeiten des Geschäfts unterschreitenden tariflichen Arbeitszeit nicht immer ständig anwesend und könnten deshalb ihren Verantwortungsbereich nicht voll ausfüllen. Darauf ist zu erwidern, daß man, wenn der einzelne Aufgabenbereich zu klein ist, einer Person auch mehrere Bereiche übertragen kann. Darüber hinaus ist es auch nicht erforderlich, daß ein Verantwortungsbereich einen Mitarbeiter gänzlich ausfüllt. Es spricht nichts dagegen, daß er für den nicht von seinem Verantwortungsbereich in Anspruch genommenen Teil seiner Arbeitszeit mit anderen von Fall zu Fall sich unterscheidenden Tätigkeiten beschäftigt wird.

Was den zweiten Einwand betrifft, so ist zu bemerken, daß im allgemeinen nicht einmal der Unternehmer selbst, der für alles verantwortlich ist, immer im Geschäft anwesend sein kann. Er muß sich auch etwa im Fall von Urlaub oder Krankheit vertreten lassen. Wenn eine Vertretungsregelung also schon für den Unternehmer selbst möglich ist, so sollte sie um so mehr für alle seine Mitarbeiter durchführbar sein. Nähere Erläuterungen zur Stellvertretung finden sich in der Fallösung.

Abschließend ist auch hier, ebenso wie bei der Erörterung des Führungsstils, zu betonen, daß die Schaffung von Verantwortungsbereichen nicht von heute auf morgen positive Ergebnisse bringen kann. Mitarbeiter wie Chef müssen erst allmählich in diese neue Aufgabenstellung hineinwachsen, und zum Teil müssen sie lernen umzudenken. Es braucht Zeit, bis sich ein echtes Verantwortungsgefühl entwickeln kann. Die Schaffung von Verantwortungsbereichen ist eine langfristige Maßnahme.

3. Information der Mitarbeiter

Wenn der Unternehmer erwartet, daß sich die Mitarbeiter für das Geschäft interessieren und sich, wenigstens teilweise, mit dem dortigen Geschehen identifizieren, so wird er in dieser Erwartung enttäuscht werden, wenn er nicht zuvor eine wesentliche Voraussetzung für die Entwicklung von Interesse bei den Mitarbeitern erfüllt: er muß den Mitarbeitern Informationen bieten[8]. Ohne Informationen bzw. ohne sinnvolle Informationen kann weder ein auf Zusammenarbeit beruhender Führungsstil mit all seinen Vorteilen praktiziert werden, noch ist es den Mitarbeitern möglich, Verantwortlichkeit zu entfalten. Informationen sind die Basis für selbständiges Handeln; Geheimniskrämerei zerstört diese Basis und macht die Erfolge der beiden ersten personalpolitischen Instrumente zunichte.

---

[8] Vgl. *Staudacher*, F.: Die Informationspolitik. Ein Instrument betrieblicher Personalpolitik, Diss. München 1967.

Ebenso verhängnisvoll wie der Mangel an Informationen ist ein Überfluß an Informationen; denn er erschwert ihre Verarbeitung und Auswertung, kostet Zeit, die anderweitig nutzbringend eingesetzt werden könnte, und verursacht Langeweile. Entscheidend ist, daß die Mitarbeiter die Informationen in dem Umfang erhalten, wie sie sie benötigen. Um welche Informationen es sich dabei im einzelnen handelt, kann nur im konkreten Fall gesagt werden; grundsätzlich gilt aber folgendes: Alle die Informationen müssen dem Mitarbeiter gegeben werden, die seine eigene Situation im Geschäft betreffen und die geeignet sind, eine Beziehung zwischen ihm und dem Betrieb herzustellen. Solche Informationen gehen ihn persönlich an. Zu nennen sind hier Mitteilungen über die Entwicklung des Geschäfts im allgemeinen und über die Pläne in der Zukunft, insbesondere insofern, als der Arbeitsplatz eines Mitarbeiters davon in irgendeiner Weise berührt wird. Genauso wichtig ist es, daß der Mitarbeiter über die Entwicklung seines eigenen Verantwortungsbereiches informiert wird; denn Verantwortlichkeit erfordert Wissen. Eine besondere Bedeutung kommt der Information schließlich bei der Einstellung neuer Mitarbeiter zu. Sie wirkt der Unsicherheit desjenigen, der als Fremder in eine verhältnismäßig festgefügte Organisation eintritt, entgegen und beschleunigt seine Integration in den Betrieb.

4. Personaleinsatz- und Freizeitregelung

Es gilt inzwischen als Binsenwahrheit, daß der Einzelhandel bei der Besetzung seiner Arbeitsplätze sehr stark unter der als ungünstig empfundenen Arbeitszeit leidet. Häufig werden Fertigungsbetriebe oder Büros wegen des verhältnismäßig frühen Feierabends und wegen der langen freien Wochenenden bevorzugt. Eine attraktivere Gestaltung der Arbeitszeiten im Einzelhandel würde deshalb den Wert der Arbeitsplätze wesentlich erhöhen und somit die Probleme der Gewinnung neuer Arbeitskräfte verringern. Für das Personalmarketing im Einzelhandel liegt hier ein wichtiger Ansatzpunkt.

Im folgenden sollen nur die *Grundsätze* der Personaleinsatz- und Freizeitregelung behandelt werden; wie im einzelnen vorgegangen werden könnte, ist der Fallösung zu entnehmen. Bei der Personaleinsatz- und Freizeitregelung müssen zwei zum Teil sich gegenseitig ausschließende Forderungen miteinander in Einklang gebracht werden: einmal die betriebliche Notwendigkeit, zu jeder Zeit über so viele, aber auch nicht mehr Mitarbeiter zu verfügen, daß alle Umsatzchancen wahrgenommen werden können, zum anderen das Bedürfnis der Mitarbeiter nach einer für sie günstigeren Arbeitszeit.

Die erste Forderung läßt sich auf folgende Weise erfüllen: Man gliedert alle Tätigkeiten, die in dem Betrieb durchgeführt werden müssen, nach dem Merkmal, ob sie direkt kundenabhängig sind oder nicht[9]. Dabei ergibt sich z. B., daß Kassier- oder Bedienungstätigkeiten nur anfallen, wenn Kunden im Laden sind; diese Tätigkeiten sind somit direkt kundenbezogen. Andere Tätigkeiten, wie z. B. Annahme der Lieferantenfuhren, Preisauszeichnung, Auffüllen der Regale etc., können ohne weiteres auch durchgeführt werden, wenn keine Kunden anwesend sind. Sie sind folglich weitgehend kundenunabhängig.

Es bereitet kaum Schwierigkeiten, mit Hilfe verschiedener Verfahren den Einsatz von Personal für direkt kundenabhängige Tätigkeiten entsprechend den voraussichtlichen Schwankungen der Kundenfrequenz zu planen. Der Anteil der direkt kundenabhängigen Tätigkeiten am Gesamtvolumen aller Verrichtungen variiert dabei von Branche zu Branche und von Geschäftstyp zu Geschäftstyp. Bei Erwin Markus dürfte z. B. wesentlich weniger als die Hälfte aller Tätigkeiten direkt kundenabhängig sein. Soweit die kundenabhängigen Tätigkeiten angesprochen sind, kann auf Mitarbeiterwünsche zur Freizeitregelung nicht eingegangen werden. Insoweit bestimmt ausschließlich die Kundenpräsenz die Arbeits- und die Freizeit.

Was dagegen die nicht direkt kundenabhängigen Tätigkeiten anbetrifft, so ist hier die Forderung des Betriebes nach einer stets ausreichenden Zahl von Mitarbeitern nur noch in einem lockeren Rahmen zeitraumbezogen. Es besteht hier ein Spielraum, der zur Befriedigung der Mitarbeiterforderung nach günstiger Arbeitszeit genutzt werden kann.

Die Realisierung dieser zweiten Forderung durch Ausschöpfung des gegebenen Spielraums muß im Sinne eines wirksamen Personalmarketing so erfolgen, daß die Mitarbeiter die nicht direkt kundenbezogenen Tätigkeiten zu einer Zeit *eigener* Wahl ausführen können. Zu fordern ist eine Regelung, wonach jeder Mitarbeiter im Rahmen der gegebenen Möglichkeiten dann arbeiten kann, wann er selbst es wünscht. Erfahrungen zeigen, daß die Wünsche der Mitarbeiter nach Freizeit sich keineswegs nur immer auf die Abende oder den Samstag richten. Es hat sich vielmehr herausgestellt, daß sich die Freizeitwünsche der verschiedenen Mitarbeiterschichten weithin ausgleichen. So sind Hausfrauen z. B. durchaus bereit, häufiger an einem Samstag vormittags zu arbeiten, wenn sie dafür entsprechende Freizeit an einem anderen Werktag erhalten, junge Mädchen akzeptieren ohne weiteres, an einigen Abenden der Woche länger zu arbeiten, wenn sie als Ausgleich z. B. am jeweils folgenden Tag später kommen können oder an anderen Tagen bereits mittags frei erhalten. Es versteht sich, daß Arbeits- und Freizeit mindestens eine Woche im voraus geplant und abgestimmt werden müssen.

---

[9] Vgl. *Henksmeier*, K. H. und F. *Hoffmann*: Arbeitsorganisation im SB-Laden, Köln 1963, S. 106 ff.

Durch eine derart flexible Regelung kann der grundsätzliche Nachteil ungünstiger Arbeitszeiten gemildert werden. Wenn man den Mitarbeitern vorteilhafte Ausgleichsmöglichkeiten anbietet, sind sie meistens bereit, dafür auch an einigen Tagen der Woche ungünstige Arbeitszeiten in Kauf zu nehmen. Die Bereitschaft dazu wird noch erhöht, wenn die Mitarbeiter die Überzeugung gewonnen haben, daß der Betrieb seinerseits alle Möglichkeiten nutzt, ihnen in der Freizeitregelung entgegenzukommen. Welchen Anklang eine Personaleinsatz- und Freizeitregelung nach betrieblichen Erfordernissen und individueller Wahl haben kann, zeigt der Erfolg der Aktion „Arbeitszeit nach Maß" der Cornelius Stüssgen AG in Köln. Es sei noch darauf hingewiesen, daß man mit diesem personalpolitischen Instrument nicht nur im Sinne des Personalmarketing die Attraktivität der Arbeitsplätze heben, sondern über die kundenabhängige Planung des Personaleinsatzes auch übermäßige Personalkosten vermeiden kann.

5. Berufliche Fortbildung und Personalentwicklung

Im folgenden wird lediglich auf die Fortbildung der Mitarbeiter, die ihre Berufsausbildung bereits abgeschlossen haben, und auf die des Unternehmers selbst eingegangen. Die Lehrlingsausbildung bleibt somit wegen ihrer Sonderstellung bewußt ausgeklammert.

Der Fortbildung kommt heute vor allem deshalb große Bedeutung zu, weil der Arbeitsmarkt so unergiebig geworden ist, daß auf ihm qualifizierte Kräfte nur noch ausnahmsweise zu gewinnen sind. Angesichts der hohen Anforderungen an die Qualität der Mitarbeiter bleibt dem Betrieb deshalb keine andere Alternative als die, die Fortbildung selbst in die Hand zu nehmen. Dabei ergibt sich der Vorteil, daß man die Fortbildung gezielt auf die Erfordernisse und besonderen Verhältnisse des Betriebes zuschneiden kann.

Der Umfang der Fortbildungsmaßnahmen im Einzelhandel ist mittlerweile beträchtlich angewachsen[10]; doch läßt der Erfolg nicht selten zu wünschen übrig. Zu Mißerfolgen der Fortbildung tragen sehr häufig die beiden Ursachen bei:

— Das Fortbildungs*ziel* ist nicht bzw. nicht sinnvoll festgelegt worden.
— Dem Fortzubildenden mangelt es an Lernbereitschaft.

Der beruflichen Fortbildung obliegt grundsätzlich die Aufgabe, die Eignung eines Mitarbeiters für die Anforderungen, die sich ihm an sei-

---

[10] Vgl. Die gegenwärtige Ausbildung von Führungskräften im Handel in der Bundesrepublik Deutschland — Eine Bestandsaufnahme. Gutachten, erstellt im Auftrage des Bundeswirtschaftsministeriums durch das Handelsinstitut an der Universität des Saarlandes; Projektbetreuung: B. Tietz und D. Zimmer.

IV. Überblick über die personalpolitischen Instrumente

nem gegenwärtigen oder an einem später von ihm zu besetzenden Arbeitsplatz stellen, zu erhöhen. Daraus folgt das Postulat, daß das Fortbildungsziel, das den Gegenstand der Lernbemühungen beschreibt, sich stets an den Aufgaben, die jemand zu erfüllen hat, ausrichten muß. Der Fortzubildende muß die Fortbildung zur Erfüllung der von ihm zu verrichtenden Tätigkeiten tatsächlich benötigen; wenn sich die Fortbildung nicht auf diese Tätigkeiten bezieht, ist sie sinnlos und stellt eine Vergeudung von Zeit, Aufwand und geistiger Energie dar. Fortbildungsmaßnahmen sollen im übrigen sinnvollerweise immer dort ansetzen, wo sich die größten Lücken in den Fähigkeiten und Kenntnissen offenbaren.

Alle Überlegungen zur besten Zielung der Fortbildung werden wenig nützen, wenn der Fortzubildende nicht interessiert und bereit ist, das Lernen fortzusetzen. Nur dort wird man einen Lernerfolg erwarten dürfen, wo auch der Fortzubildende Lernbereitschaft besitzt. Allerdings bedingen sich eine gute Zielung der Fortbildung und Lernbereitschaft in einem weiten Bereich gegenseitig. Die Lernbereitschaft steigt, wenn der Fortzubildende erkennt, daß er nicht totes, weil für ihn und seine tägliche Arbeit unnützes, Wissen aufnehmen muß, sondern daß ihm Fortbildung unmittelbare Vorteile einbringt.

Sowohl für die Zielung der Fortbildung als auch für die Auswahl der Fortzubildenden bedarf es mancher Informationen, die durch Maßnahmen der Personalforschung gewonnen werden können. Hier ist vor allem auf die Mitarbeiterbeurteilung sowie auf das Mitarbeitergespräch hinzuweisen.

An dieser Stelle kann nicht über *Methoden* der Fortbildung gesprochen werden. Dennoch ist kurz auf die Frage einzugehen, ob die Fortbildung vor allem im Betrieb selbst (innerbetriebliche Fortbildung) oder durch Institutionen außerhalb des Betriebs (außerbetriebliche Fortbildung) durchgeführt werden soll. Bei der Beantwortung dieser Frage kann im allgemeinen davon ausgegangen werden, daß ein großer Teil des *Sach-* und *Fachwissens* bereits im Betrieb an verschiedenen Stellen vorhanden ist. Es muß lediglich für Fortbildungszwecke verfügbar gemacht werden, was am besten in der Form geschieht, daß man erfahrene Mitarbeiter veranlaßt, in sog. Fortbildungsgesprächen in engem Zusammenhang mit der täglichen Arbeit ihr Wissen weiterzuvermitteln (Training on the Job = Ausbildung am Arbeitsplatz). Die Einschaltung außerbetrieblicher Ausbildungseinrichtungen empfiehlt sich nur dann, wenn entweder das erforderliche Fachwissen im Betrieb nicht verfügbar ist, wenn man also z. B. zu neuen Teilsortimenten oder Verkaufsformen übergeht, oder wenn das vorhandene Wissen veraltet ist.

Was allerdings eine Fortbildung in *Führungsfähigkeit* und in den Sachgebieten, die im allgemeinen Aufgabe des Unternehmers selbst sind, anbetrifft, so wird das im Betrieb verfügbare Potential hierfür kaum eine ausreichende Basis bilden. Auf außerbetriebliche Fortbildungsinstitutionen, auch auf Betriebsberatungen, die meist einen hohen Fortbildungseffekt haben, wird man kaum verzichten können. Institutionen wie die Landesverbände des Einzelhandels mit ihren besonderen Bildungseinrichtungen und die Betriebsberatungsstellen des Deutschen Einzelhandels (BBE) sind bekannt für ein qualifiziertes, den Bedürfnissen des Einzelhandels entsprechendes Fortbildungsangebot.

Vielen Fortbildungsmaßnahmen haftet etwas Zufälliges an. Sie werden von Fall zu Fall immer dann durchgeführt, wenn es gerade zweckmäßig erscheint, so daß der Zusammenhang zwischen ihnen fehlt. Diese Zufälligkeit ist ein weiterer Grund für den häufig nicht befriedigenden Fortbildungserfolg. Sie mag bei Aushilfs- und Teilzeitkräften, die voraussichtlich nicht lange dem Betrieb angehören werden, noch in Kauf genommen werden, ja durchaus auch sinnvoll sein. Für alle Mitarbeiter, die eine gute Qualifikation und Fortbildungsbereitschaft erkennen lassen und die man im Betrieb zu halten wünscht, bedürfen die verschiedenen Einzelmaßnahmen der Fortbildung jedoch einer integrativen Koordinierung und Planung. Die Klammer, die diese Einzelmaßnahmen verbindet, ist die Personalentwicklungs- oder Laufbahnplanung[11]. Sie ist bereits in mittleren Einzelhandelsbetrieben für qualifizierte Mitarbeiter sehr wichtig. Die Laufbahnplanung wird für diesen Mitarbeiterkreis gemeinsam vom Betrieb und den jeweils betroffenen Personen aufgestellt. Sie bezweckt die berufliche Entfaltung der Mitarbeiter, indem der Betrieb ihnen plangemäß im Gleichschritt mit dem Wachstum ihrer Fähigkeiten und ihrer Verantwortungsbereitschaft schwierigere und anspruchsvollere Aufgaben überträgt. In Abstimmung mit dem Mitarbeiter setzt ihm der Betrieb jeweils neue Berufsziele, sobald seine Eignung sich so weit entwickelt hat, daß er dieses Ziel voraussichtlich erreichen wird. Die verschiedenen Fortbildungsmaßnahmen werden eingesetzt, um die Erreichung dieses Entwicklungszieles zu fördern. Sie können nun auf dieses Ziel ausgerichtet werden und verlieren dadurch ihren Zufallscharakter. Hinzuzufügen ist noch, daß das Vorhandensein von Verantwortungsbereichen die Laufbahnplanung wesentlich erleichtert.

Die Einwände, Mittelbetriebe des Einzelhandels böten viel zu wenig Aufstiegsmöglichkeiten für qualifizierte Kräfte, so daß sich eine planvolle Personalentwicklung gar nicht durchführen lasse, es sei außerdem immer zu befürchten, daß die qualifizierten Kräfte den Betrieb nach Beendigung des Entwicklungsplanes verlassen, sind nur zum Teil richtig. Zum einen gibt es in Betrieben der Größenordnung von Novo-Markt bei

---

[11] Vgl. *v. Eckardstein*, D.: Laufbahnplanung für Führungskräfte, Berlin 1971; vgl. derselbe: Job Rotation, in: Management Enzyklopädie, Band III, München 1970, S. 774 - 778.

sinnvoller Verantwortungsverteilung im allgemeinen mindestens drei Verantwortungsstufen unter dem Chef selbst. Zum anderen muß der unschätzbare Vorteil für die weitere Entwicklung des Unternehmens (Erweiterung, Gründung von Filialen) gesehen werden, der sich aus dem Vorhandensein guter Kräfte eröffnet. Je expansiver die Zielsetzung des Unternehmens, um so weniger kann es auf eine planvolle Personalentwicklung verzichten.

6. Entgeltpolitik

Unter Entgeltpolitik versteht man die Gestaltung der finanziellen Zuwendungen einer Unternehmung an ihre Mitarbeiter, mit denen — im Rahmen vertraglicher Regelungen — die Leistungen der Mitarbeiter bzw. ihre Beiträge zur Erzielung eines bestimmten Betriebserfolges vergütet werden. Die Entgeltpolitik umfaßt somit Entlohnung und Erfolgsbeteiligung.

a) Lohnpolitik

Unter Lohn bzw. Gehalt wird allgemein die Vergütung für menschliche Arbeits*leistungen* verstanden. Allerdings wird die jeweilige Lohnhöhe — ungeachtet der Gewährung *freiwilliger* Sozialleistungen — zum Teil nicht unerheblich durch soziale Komponenten mitbestimmt, die beispielsweise in Alters-, Familien- und Ortszuschlägen zum Ausdruck kommen. Es handelt sich dabei um gesetzliche oder tarifvertraglich vereinbarte Sozialleistungen, die in den Lohn eingehen.

Entsprechend der lange Zeit vorherrschenden und in der Praxis auch heute noch weitverbreiteten Vorstellung, der arbeitende Mensch reagiere auf nichts so stark wie auf Geld, wird die Lohnpolitik vielfach als das entscheidende personalpolitische Instrument schlechthin angesehen. Demgegenüber hat eine Reihe empirischer Untersuchungen und betrieblicher Meinungsumfragen ergeben, daß bei den Arbeitern und Angestellten in der Regel nicht der Wunsch nach höherer Entlohnung, sondern das Streben nach Anerkennung der Leistung, allgemeiner sozialer Sicherheit, zuverlässigen Informationen, besserer Ausbildung etc. an vorrangiger Stelle steht. Ohne in den Fehler zu verfallen, aus derartigen empirischen Befunden etwa die Bedeutungslosigkeit der Lohnpolitik abzuleiten, läßt sich jedoch nicht leugnen,

(1) daß die Lohnpolitik nur *eines* der Mittel ist, um personalpolitische Zielsetzungen zu erreichen,

(2) daß gesetzliche Regelungen und Vereinbarungen der Tarifpartner den Entscheidungsspielraum der Unternehmung bei lohnpolitischen Maßnahmen stark einengen und

(3) daß Lohnkonflikte häufig nicht originäre, sondern abgeleitete Konflikte darstellen. Nicht selten sind die Mitarbeiter mit anderen Gegebenheiten im Unternehmen, wie z. B. mit dem Führungsstil, der Arbeitsverteilung, der Arbeits- bzw. Freizeitregelung etc., unzufrieden, verleihen ihrer Unzufriedenheit jedoch Ausdruck in der Forderung nach Lohnerhöhung.

Im Rahmen des personalpolitischen Instruments Lohnpolitik sind im allgemeinen vier Entscheidungen grundsätzlicher Art zu treffen. Sie beziehen sich auf die Lohnhöhe, die Lohnform, das Entlohnungsverfahren und die Entlohnungsmodalitäten.

Der Entscheidungsspielraum des Einzelhandelsunternehmers bei der Festlegung der *Lohnhöhe* ist durch die in den jeweiligen Tarifverträgen getroffenen Regelungen begrenzt. Da die dort vereinbarten Lohnsätze ihrer Höhe nach in aller Regel Mindestsätze darstellen, die nicht unterschritten werden dürfen, beginnt der unternehmerische Entscheidungsspielraum hinsichtlich der festzulegenden Lohnhöhe nicht bei Null, sondern erst bei den im Tarifvertrag fixierten Mindestlöhnen.

Entscheidungen über die Lohnhöhe betreffen einmal die absolute Lohnhöhe, d. h. das gesamte Lohnniveau eines Betriebes im Vergleich zu dem anderer — vergleichbarer oder verschiedenartiger — Betriebe, und zum anderen die relative Lohnhöhe, also die Staffelung der Löhne innerhalb eines Betriebes[12]. Im Rahmen der Festlegung der *absoluten* Lohnhöhe kommt es darauf an, die zu zahlenden Löhne in eine sinnvolle Relation zu den in der Branche und darüber hinaus in anderen Wirtschaftszweigen gezahlten Löhnen zu bringen; denn die Mitarbeiter vergleichen ihr Lohneinkommen bewußt oder unbewußt mit den in anderen Betrieben für ähnliche oder anders geartete Arbeiten gezahlten Löhnen. Um Schwierigkeiten bei der Personalgewinnung und -erhaltung zu begegnen, muß somit dafür Sorge getragen werden, daß das Lohnniveau dem anderer Betriebe eines bestimmten Teilmarktes, der Branche und auch der Gesamtwirtschaft angepaßt wird, um nicht schon allein unter diesem Aspekt an Attraktivität einzubüßen.

Angesichts der unterschiedlich hohen Anforderungen, die die verschiedenen Arbeiten an die Beschäftigten stellen, und unter Berücksichtigung der zum Teil stark voneinander abweichenden Leistungen der einzelnen Mitarbeiter ergibt sich die Notwendigkeit einer differenzierten *innerbetrieblichen* Lohnbemessung (Festlegung der *relativen* Lohnhöhe). Dabei müssen sich sowohl die Schwierigkeit einer Tätigkeit als auch die individuelle Leistung desjenigen, der diese Arbeit verrichtet, in der Lohnhöhe niederschlagen.

---

[12] Vgl. *Kosiol*, E.: Leistungsgerechte Entlohnung, überarbeitete und erweiterte 2. Auflage der „Theorie der Lohnstruktur", Wiesbaden 1962, S. 20.

IV. Überblick über die personalpolitischen Instrumente

Die zweite Entscheidung im Rahmen der Lohnpolitik bezieht sich auf die Wahl der *Lohnform*. Dabei stehen grundsätzlich drei, ihrem Wesen nach unterschiedliche Lohnformen zur Verfügung.

Beim *Zeitlohn* oder *Fixum* als der ältesten und im Einzelhandel immer noch am weitesten verbreiteten Lohnform dient die Arbeitszeit als Basis der Entlohnung. Da für eine eindeutig abgegrenzte Zeiteinheit (Stunde, Woche, Monat) ein bestimmter Lohnsatz festgelegt wird, ergibt sich die Lohnhöhe als Produkt aus Arbeitszeit und Lohnsatz. Dabei wird jedoch keinesfalls nur die Zeit der Anwesenheit eines Mitarbeiters am Arbeitsplatz entlohnt, sondern vielmehr eine allgemein erwartete, gewissermaßen normale Leistung des Beschäftigten. Die Zeit, in der er diese Leistung erbringt, dient lediglich als Bemessungsgrundlage für die Entlohnung. Deshalb stellt auch der Zeitlohn — wie jeder Lohn — den Gegenwert für eine Leistung und damit einen mittelbaren Leistungslohn dar.

Im Gegensatz zum Zeitlohn ist der *Akkord-* oder *Stücklohn* ein unmittelbarer Leistungslohn; er ist eine Lohnform, bei der man sich nicht der Zeit, sondern der erbrachten Mengenleistung des Mitarbeiters als Maßstab für die Lohnhöhe bedient.

Bei der dritten selbständigen Lohnform, dem *Prämienlohn*, wird zu einem vereinbarten Grundlohn, der den Tariflohn *nicht* unterschreiten darf, planmäßig ein zusätzliches variables Entgelt, die Prämie, gewährt, dessen Höhe sich nach den jeweiligen Mehrleistungen eines Mitarbeiters richtet. Der Mitarbeiter erhält nur dann eine Prämie, wenn er eine bestimmte, als Richtgröße dienende Soll- oder Vorgabeleistung überschreitet oder zumindest erreicht. Bleibt er indes unter der Solleistung, so bekommt er nur den garantierten Grundlohn.

Von den drei grundsätzlich zur Verfügung stehenden Lohnformen können im Einzelhandelsbetrieb nur der Zeitlohn und der Prämienlohn angewendet werden. Der Akkordlohn ist wegen seiner besonderen Struktur für die Entlohnung der meisten im Einzelhandelsbetrieb anfallenden Arbeiten ungeeignet[13].

Den Vorteilen des Zeitlohns — einfache Lohnermittlung und stets gleichbleibende Lohnhöhe — stehen schwerwiegende Nachteile gegenüber, deren bedeutsamste folgende sind:

(1) Der Zeitlohn führt in aller Regel nicht zu einer Leistungssteigerung, im Gegenteil, er bremst die Leistung. Indem die Mitarbeiter — ungeachtet ihrer Anstrengung und ihres Einsatzes — stets den gleichen Lohn erhalten, wird bei ihnen allmählich ein negativer Gewöhnungseffekt ausgelöst. Nach und nach sehen sie in ihrem Lohn eine feste

---

[13] Vgl. dazu *Schnellinger*, F.: Leistungslohn im Handel, Berlin 1969, S. 108 ff.

Einrichtung, die ihnen, weitgehend unabhängig von der tatsächlich erbrachten Leistung, einfach aufgrund des Arbeitsverhältnisses zustehe.

(2) Die Tatsache, daß beim Zeitlohn jeder Mitarbeiter innerhalb einer Lohnstufe denselben Lohn erhält, führt häufig zur Unzufriedenheit gerade der einsatzfreudigen und leistungswilligen Kräfte. Sie fühlen sich gegenüber den mit der Leistung zurückhaltenden Kollegen ungerecht behandelt und verlassen den Betrieb.

Diesen negativen Auswirkungen des Zeitlohns kann mit der Gewährung von Prämienlohn wirksam begegnet werden; denn einmal entspricht er wegen des garantierten Grundlohns dem Bedürfnis vieler Mitarbeiter nach Sicherheit eines bestimmten Einkommens, zum anderen schlagen sich Leistungsunterschiede über die Prämie unmittelbar in der Lohnhöhe nieder.

Die dritte Grundsatzentscheidung im Rahmen der Lohnpolitik betrifft die Wahl des *Entlohnungsverfahrens*. Hierbei handelt es sich um die Entscheidung zwischen Einzelentlohnung und Gruppenentlohnung. Eine Entlohnung nach der *Einzelleistung* liegt dann vor, wenn die Leistung eines einzelnen Mitarbeiters als Grundlage der Lohnfestsetzung dient; wird indessen die Leistung einer Gruppe von Mitarbeitern als Maßstab für die Lohnhöhe herangezogen, so spricht man von einer Entlohnung nach der *Gruppenleistung*.

Grundsätzlich gilt, daß sich das Entlohnungsverfahren nach der Arbeits- bzw. Leistungsform zu richten hat. Danach ist bei reiner Einzelarbeit der Einzelentlohnung, bei echter Gruppenarbeit, bei der mehrere Mitarbeiter in wechselseitiger Abhängigkeit zusammenarbeiten, der Gruppenentlohnung der Vorzug zu geben. In der Praxis finden sich jedoch zahlreiche Tätigkeiten, bei denen die Leistung sowohl des einzelnen als auch der Arbeitsgruppe ermittelt und der Entlohnung zugrunde gelegt werden kann. Ein typisches Beispiel dafür sind die von den Mitarbeitern im Einzelhandelsbetrieb zu verrichtenden Tätigkeiten. Da derartige Leistungen sowohl in der Form der Einzel- als auch der Gruppenentlohnung vergütet werden können, richtet sich die Entscheidung über das anzuwendende Entlohnungsverfahren im Einzelfall nach den jeweiligen personalpolitischen Zielsetzungen einer Unternehmung. Allgemein ist jedoch festzuhalten, daß die Gruppenentlohnung — gerade im Hinblick auf die Verhältnisse im Einzelhandel — große Vorteile gegenüber der Einzelentlohnung aufweist[14].

Die vierte Entscheidung grundsätzlicher Art, die im Rahmen der Lohnpolitik zu fällen ist, betrifft die *Entlohnungsmodalitäten*. Sie be-

---

[14] Siehe dazu *Schnellinger*, F.: Leistungslohn im Handel, a.a.O., S. 156 ff.

IV. Überblick über die personalpolitischen Instrumente

zieht sich auf Auszahlungszeitpunkt und -intervall (wöchentlich oder monatlich), auf die Art der Aushändigung des Entgelts (bar oder unbar), auf die Frage, ob das Entgelt als „Lohn" oder „Gehalt" zu bezeichnen ist, und schließlich darauf, ob die Auszahlungssumme als Gesamtbetrag ausgewiesen oder in verschiedene Teilbeträge aufgegliedert und damit für den Mitarbeiter transparent gemacht wird. Die personalpolitische Bedeutung der Entscheidung über die Entlohnungsmodalitäten ergibt sich nicht so sehr aus dem Entscheidungsobjekt an sich, sondern ist vielmehr aus dem Erfordernis abzuleiten, dem gewissermaßen hinter dem Entscheidungsobjekt stehenden Prestigebedürfnis der Mitarbeiter Rechnung zu tragen.

Mit der Bestimmung der Lohnhöhe, der Wahl der Lohnform und des Entlohnungsverfahrens sowie der Festlegung der Entlohnungsmodalitäten wurden die vier Grundsatzentscheidungen kurz dargestellt, die im Rahmen der Lohnpolitik zu treffen sind. Dabei wird der Beitrag dieses personalpolitischen Instruments zur Erreichung der personalpolitischen Ziele nicht nur von der Qualität der getroffenen Entscheidungen an sich bestimmt, sondern hängt in starkem Maße auch davon ab, ob und wie die Mitarbeiter an der Entscheidungsfindung beteiligt werden.

Zahlreiche Untersuchungen haben ergeben, daß die Mitarbeiter eine lohnpolitische Entscheidung, an der sie mitgewirkt haben, eher akzeptieren als eine solche, die ihnen von der Unternehmungsleitung vorgegeben wurde, auch dann, wenn die autoritäre Entscheidung der Geschäftsleitung für die Belegschaft objektiv günstiger war als diejenige, an der die Mitarbeiter mitgewirkt haben. Dies gilt natürlich für alle Entscheidungen, die die Mitarbeiter betreffen, besonders aber für lohnpolitische Entscheidungen; denn in keinem anderen Bereich der Personalpolitik haben sich im Laufe der Zeit so viele Ressentiments und so starkes Mißtrauen aufgestaut wie gerade in der Lohnpolitik.

b) Erfolgsbeteiligung

Die Beteiligung der Mitarbeiter an bestimmten betrieblichen Erfolgsgrößen stellt den zweiten großen Teilbereich der Entgeltpolitik dar. Von Erfolgsbeteiligung spricht man immer dann, wenn ein Unternehmen alle oder einen bestimmten Teil seiner Belegschaftsmitglieder nach einem bereits vorher festgelegten Plan an einer meßbaren Erfolgsgröße in Form finanzieller Zuwendungen, die über die individuellen Leistungsentgelte hinausgehen, beteiligt.

Die beiden Haupt*formen* der Erfolgsbeteiligung sind die *Ertrags-* und die *Gewinn*beteiligung. Beide können wiederum in mehrere Unterformen aufgegliedert werden, die jedoch für den Einzelhandelsbetrieb kaum eine praktische Relevanz aufweisen. Die Ertragsbeteiligung tritt im Einzelhandel in aller Regel als Umsatzbeteiligung auf, bei der die Mitarbeiter einen bestimmten Prozentsatz vom tatsächlich erzielten Umsatz erhalten. Bei der Gewinnbeteiligung werden die Mitarbeiter meist am steuerlichen Betriebsergebnis beteiligt. Daneben gibt es noch zahlreiche Varianten und Mischformen der Erfolgsbeteiligung, die indes meist ganz auf den jeweiligen Betrieb, der sie eingeführt hat, zugeschnitten sind[15].

Von den unternehmungspolitischen *Zielvorstellungen*, die mit der Erfolgsbeteiligung verbunden werden, sei hier nur auf die zwei wichtigsten eingegangen. Das erste Ziel ist die *Steigerung* der quantitativen und/oder qualitativen *Mitarbeiterleistung*. Da die Erfolgsbeteiligung an Ertrags- bzw. Gewinngrößen anknüpft, an Werte also, die durch das Zusammenwirken aller Leistungsfaktoren eines Betriebes und aller Beschäftigten zustande kommen, wird nicht so sehr eine Erhöhung der individuellen Leistung, sondern vielmehr eine Verbesserung der Zusammenarbeit und damit der Gemeinschaftsleistung angestrebt. Diese allgemeine Zielvorstellung bedarf indes noch einer weiteren Spezifizierung. Mit der Erfolgsbeteiligung erstrebt man die Förderung der dem Mitdenken und der Mitverantwortung entspringenden mitunternehmerischen Leistungen der Mitarbeiter[16], jener Mehrleistungen also, die nicht durch die Leistungsentlohnung aktiviert werden können. Man geht davon aus, daß der Mensch nicht nur ein Faktor ist, der gewissermaßen darauf wartet, im Sinne der Theorie mit anderen Leistungsfaktoren kombiniert zu werden; er kann vielmehr auch schöpferische Initiative ergreifen. Er vermag in aller Regel innerhalb seines Verantwortungsbereiches den Arbeitsablauf und die ökonomische Wirksamkeit seiner Arbeit zu gestalten. Der Mitarbeiter kann also durch verantwortungsvolles Denken und Handeln direkt oder indirekt das gesamtbetriebliche Geschehen und den Unternehmungserfolg positiv beeinflussen. Mit Hilfe der Erfolgsbeteiligung soll die Initiative zu diesen schöpferischen, mitunternehmerischen Leistungen geweckt und gefördert werden.

Das zweite unternehmungspolitische Ziel, das man mit der Erfolgsbeteiligung anstrebt, ist die *Schaffung eines qualifizierten Mitarbeiterstammes*. Im allgemeinen gilt die Erfolgsbeteiligung als geeignetes Mittel zur *Gewinnung* leistungsfähiger und einsatzfreudiger Mitarbeiter. Man geht davon aus, daß gerade die qualifizierten und leistungswilligen Mitarbeiter es vorziehen, in einem Unterehmen tätig zu sein, in dem ihre schöpferischen und auf eigener Initiative beruhenden Leistungen gefördert und anerkannt werden, indem sie an den Erfolgen, zu deren Ent-

---
[15] Vgl. *Krems*, U., *Seidl*, F.: Erfolgsbeteiligung im Einzelhandel, München 1966.
[16] Vgl. *Spiegelhalter*, F.: Ziele und Möglichkeiten der Ergebnisbeteiligung der Arbeitnehmer, Paderborn o. J., S. 59 f.

stehung sie beigetragen haben, finanziell beteiligt werden. Andererseits wird die Erfolgsbeteiligung als eines der wichtigsten personalpolitischen Instrumente zur *Erhaltung* eines qualifizierten Belegschaftsstammes, zur *Stärkung der Betriebsverbundenheit* der Mitarbeiter bzw. zur *Verminderung der Fluktuation* angesehen. Die Beteiligung der Mitarbeiter an gemeinsam erzielten oder zukünftig zu erzielenden Erfolgen führt in aller Regel eine positive Einstellung der Belegschaftsmitglieder zum angestrebten Erfolg und zur Unternehmung als Ganzes herbei. Die Erfolgsbeteiligung gilt somit als ein geeignetes Mittel zur Verwirklichung einer möglichst weitgehenden Koordination der Mitarbeiterinteressen mit den Unternehmungszielen, wobei das verbindende Element im gemeinsam erzielten Erfolg gesehen wird.

Da die Erfolgsbeteiligung — richtig vorbereitet und eingesetzt — einen wesentlichen Beitrag zu leisten vermag, so wichtige Ziele, wie die Stärkung der Betriebsverbundenheit und die Weckung schöpferischer Initiative der Mitarbeiter, zu erreichen, ist es — ungeachtet ihrer ethischen und gesellschaftspolitischen Rechtfertigung — einfach ein Gebot ökonomischer Vernunft, von diesem Mittel zum Wohle der Mitarbeiter *und* der Unternehmung Gebrauch zu machen.

7. Gewährung freiwilliger Sozialleistungen

Freiwillige Sozialleistungen stellen Zuwendungen des Unternehmens an die Mitarbeiter in den verschiedensten Formen dar, die über die Entgeltpolitik hinausgehen und nicht durch Gesetz oder Tarifvertrag verbindlich geregelt sind. Eine Reihe von Unternehmern aus den unterschiedlichsten Wirtschaftsbereichen steht den freiwilligen Sozialleistungen negativ oder zumindest skeptisch gegenüber. Bekannt ist das Wort vom „sozialen Klimbim". In der Tat ist die Gewährung freiwilliger Sozialleistungen — isoliert für sich gesehen — eines der schwächeren personalpolitischen Instrumente, dessen Einsatz dennoch beträchtliche Kosten nach sich ziehen kann. Man tut deshalb gut daran, bereits eingeführte freiwillige Sozialleistungen regelmäßig daraufhin zu überprüfen, ob sie noch gerechtfertigt sind, und eine Erweiterung der Sozialleistungen nur einzuführen, wenn daran ein dringendes Bedürfnis besteht.

Wirtschaftsgeschichtlich betrachtet, stammen freiwillige Sozialleistungen aus einer Zeit, in der die Arbeitnehmer nur in sehr geringem Umfang auf öffentliche Versorgungsleistungen, wie z. B. Sozialversicherung, Krankenversicherung, Krankenhäuser, Sportanlagen etc., und auf andere Einrichtungen, wie z. B. Wohnungen usw., zurückgreifen konnten. Die damaligen patriarchalischen Unternehmer empfanden die Verpflichtung, diese Lücken wenigstens teilweise zu füllen, um ihre Mitarbeiter nicht der Not anheimfallen zu lassen. Heute bietet der Staat mit seinen verschiedenen Körperschaften einen umfangreichen Katalog von Sozialleistungen an, die durch die sog. gesetzlichen Sozialleistungen mitfinanziert werden. Damit ist zumindest der Grundbedarf an sozialer Versorgung gedeckt. Die freiwilligen Sozialleistungen des Betriebes sollen angesichts dieser Entwicklung daher nur noch *ergänzend* eingesetzt werden, wenn öffentliche Einrichtungen der sozialen Sicherung nicht genügen.

Darüber hinaus kommt den freiwilligen Sozialleistungen die Aufgabe zu, die personalpolitische Konzeption des Betriebes gewissermaßen abzurunden, indem den Mitarbeitern Zuwendungen, Erleichterungen, Bequemlichkeiten und Aufmerksamkeiten angeboten werden, die über den Rahmen anderer personalpolitischer Instrumente hinausgehen und das Wohlbefinden der Mitarbeiter im Betrieb und ihre Verbundenheit mit der Unternehmung fördern können. Zu nennen wären hier z. B. die Weihnachtsgratifikation, Leistungen zu bestimmten familiären Anlässen, evtl. auch Sonderurlaub, das kostenlose Angebot von Getränken oder kleinen Zwischenmahlzeiten während der Arbeitszeit, Beiträge zu den Kosten von Betriebsfeiern, Rabatte für Personaleinkäufe etc.

Ausdrücklich ist zu betonen, daß ein sozial denkender Unternehmer im allgemeinen nicht am Umfang seiner freiwilligen Sozialleistungen zu erkennen ist, sondern an der Art seiner Betriebspolitik insgesamt. Umfangreiche freiwillige Sozialleistungen deuten vielfach eher darauf hin, daß ein Unternehmer nicht die geeignetsten Mittel zur Lösung seiner Personalprobleme finden kann und sich über die Sozialleistungen nur ein Alibi zu schaffen versucht.

Da die freiwilligen Sozialleistungen eindeutig *zugunsten* der Mitarbeiter gewährt werden, ist es wichtig zu wissen, ob sie auch tatsächlich von ihnen gewünscht werden. Nicht selten werden verschiedene Leistungen von der Mehrheit der Mitarbeiter als überflüssig und unnötig empfunden, so daß sie in ihrer Wirkung völlig verpuffen. Man kann sogar hören, daß manche Leistungen von den Mitarbeitern als Verschwendung bezeichnet werden, deren Gegenwert man lieber als Gutschrift auf dem Lohnkonto erblicken würde.

Um sicherzustellen, daß geplante freiwillige Sozialleistungen auch wirklich „ankommen", ist zu empfehlen, die Mitarbeiter oder ihre Vertretung an der Entscheidung über derartige Maßnahmen zu beteiligen. Eine gemeinsam gefällte Entscheidung ist Ausdruck eines praktizierten Führungsstils der Zusammenarbeit und gibt die Gewähr, daß die eingesetzten finanziellen Mittel nicht wirkungslos versickern, sondern die Mitarbeiter in den Betrieb integrieren und ihnen nützen.

IV. Überblick über die personalpolitischen Instrumente 39

8. Personalwerbung

Die bislang aufgeführten sieben personalpolitischen Instrumente bezogen sich vornehmlich auf die Mitarbeiter, die bereits im Unternehmen tätig sind. Erst in zweiter Linie sprechen sie auf dem Wege über die Vergrößerung der Attraktivität der Arbeitsplätze auch den Kreis der nicht im Betrieb Beschäftigten an, aus dem heraus man zukünftige Mitarbeiter gewinnen muß. Die Personalwerbung richtet sich vorzugsweise an diesen zweiten Personenkreis. Sie hat die Aufgabe, potentielle Mitarbeiter darüber zu informieren, daß erstens Arbeitsplätze frei sind und zweitens, daß diese Arbeitsplätze in einer besonderen Weise ausgestattet sind. Diese Informationen sollen interessierte Personen veranlassen, sich als Mitarbeiter um die freien Arbeitsplätze zu bewerben.

Insbesondere drei Voraussetzungen sind an den Erfolg der Personalwerbung geknüpft. Zunächst ist Klarheit darüber zu gewinnen, welche Eigenschaften die Personen aufweisen sollen, die man als künftige Mitarbeiter gewinnen will, und wo diese Personen voraussichtlich zu finden sein werden. Hiermit sind der gewünschte Ausbildungsstand, die Frage, ob diese Kräfte als Vollzeit- oder Teilzeitbeschäftigte eingestellt werden sollen, ihr Wohnort etc. angesprochen.

Auf der Basis der Zielvorstellung über die Art der zu gewinnenden Kräfte kann man sich mit der zweiten Voraussetzung erfolgreicher Personalwerbung auseinandersetzen: Das Werbemittel bzw. der Werbeträger sind in der Weise auszuwählen und gezielt einzusetzen, daß der Personenkreis, auf den es der Betrieb abstellt, auch tatsächlich erreicht wird. Streut das Werbemittel über diesen Personenkreis hinaus, so erleidet man Streuverluste, die in aller Regel zu unnötigen Kosten führen.

Als Werbemedien kommen im allgemeinen die Anzeige, der Aushang am Geschäft, der Brief und die Empfehlung schon im Geschäft tätiger Mitarbeiter in Betracht. Darüber hinaus werden in letzter Zeit auch primär der Absatzwerbung dienende Medien, wie Prospekt oder Flugblatt, zugleich für die Personalwerbung eingesetzt.

Es genügt jedoch nicht, den gemeinten Personenkreis, aus dem heraus man Mitarbeiter zu rekrutieren hofft, durch gezielten Einsatz der Werbemittel tatsächlich zu erreichen; ebenso wichtig ist auch, daß die Werbung die Informationsbedürfnisse der potentiellen Mitarbeiter abdeckt. Wer Personalwerbung betreibt, hat sich zu vergegenwärtigen, daß die zukünftigen Mitarbeiter ja nicht einfach irgendeinen Arbeitsplatz „mit besten Bedingungen" suchen, von denen viele angeboten werden, sondern sie wollen wissen, wie diese Bedingungen im einzelnen aussehen: So interessieren auf jeden Fall Informationen über die gewünschte Vorbildung, über die Art der Tätigkeit, über die Bezahlung, die Arbeitszeitregelung usw. Wenn man *weiß,* welche Art von Mitarbeitern man wünscht, fällt es im allgemeinen auch nicht schwer, in die Werbeaussage die Informationen aufzunehmen, nach denen besonders gefragt wird. Sucht man z. B. Aushilfskräfte, so ist es nicht erforderlich, mit Informationen über die Ausbildungsmöglichkeiten zu werben, was für Personen, die in die Führungsmannschaft des Betriebes aufrücken sollen, wiederum sehr wichtig ist.

Wenn man die angedeuteten Überlegungen noch einmal zusammenfaßt, so läßt sich sagen, daß die Werbung am erfolgreichsten sein wird, die auf einen genau definierten Personenkreis zielt und die sich — im Sinne des Personal*marketing* — auf dessen Bedürfnisse einstellt. Damit ist nicht gesagt, daß Werbeaussagen durch die tatsächlichen Gegebenheiten im Betrieb nicht fundiert zu sein bräuchten; im Gegenteil, nicht begründete Versprechungen können allenfalls zu kurzfristigen Erfolgen führen. Auf lange Sicht schaden sie der Unternehmung mit Sicherheit, weil sie die Mitarbeiter in ihren Erwartungen täuschen und damit das Vertrauensverhältnis zwischen Betrieb und Mitarbeiter beeinträchtigen.

V. Die Kombination der einzelnen Instrumente in einer personalpolitischen Gesamtkonzeption

Nachdem die personalpolitischen Instrumente in einem kurzen Abriß jeweils isoliert voneinander dargestellt wurden, ist nun auf die Frage einzugehen, in welcher Relation die einzelnen Instrumente zueinander stehen und in welchem Verhältnis sie zur Erreichung größtmöglicher Erfolge eingesetzt werden sollen. Konkret könnte die Frage z. B. lauten, ob man finanzielle Mittel, die man für eine Verwendung im Personalbereich vorgesehen hat, in Form einer übertariflichen generellen Lohnerhöhung, in Form von Prämien oder in Gestalt freiwilliger sozialer Leistungen den Mitarbeitern direkt zukommen lassen soll, oder ob sie nicht etwa günstiger für die Finanzierung von Fortbildungsprogrammen eingesetzt werden sollen. Eine ähnliche Frage könnte lauten, ob man sich als Unternehmer z. B. vorzugsweise um die Einführung eines auf Zusammenarbeit beruhenden Führungsstils, um die Schaffung von Verantwortungsbereichen oder um die innerbetriebliche Ausbildung oder um alles gleichzeitig und gleichmäßig bemühen soll.

Es dürfte sich von selbst verstehen, daß eine allgemeingültige Antwort auf diese Fragen nicht möglich ist. Ihre Lösung hängt vielmehr von den jeweils verfolgten personalpolitischen Zielen und der besonderen betrieblichen Situation sowie von den Anforderungen und Erwartungen der Mitarbeiter im Zeitpunkt der Fragestellung ab. Im folgenden kann daher nur auf Gedanken hingewiesen werden, die bei der Beantwortung derartiger Fragen zu beachten sind:

(1) Da sich alle personalpolitischen Instrumente auf die Mitarbeiter richten, müssen sie aufgrund der Identität dieses Ansatzpunktes immer im Zusammenhang gesehen werden. Das bedeutet konkret, daß der Einsatz verschiedener personalpolitischer Instrumente zur Erreichung eines bestimmten Ziels zu *koordinieren* ist. Wenn die Mitarbeiter z. B. die Entgeltpolitik des Betriebes als ungerechtfertigt empfinden, wird ein kooperativer Führungsstil die entstandene Unzufriedenheit kaum beheben können. So lange der eigentliche Mißstand nicht beseitigt ist, dürfte die an sich positive Wirkung des kooperativen Führungsstils weitgehend verpuffen. (Im Fall Novo-Markt erlebt der Inhaber, wie sich die Wirkung von verhältnismäßig hohen Löhnen angesichts anderer Mängel seiner Personalpolitik verliert.)

(2) Die Koordination des Einsatzes einzelner Instrumente muß der jeweiligen Zielsetzung Rechnung tragen, so daß der Einsatz von Instrumenten mit gegensätzlicher Wirkung vermieden wird.

(3) Aus technischen Erwägungen empfiehlt es sich, nicht mit allen Instrumenten zugleich zu arbeiten. Vielmehr ist es sowohl im Hinblick auf die Kapazität des Unternehmers als auch aus Gründen des Erkennens der Wirkung eines Instruments sinnvoll, sich jeweils auf die Schwerpunkte beim Einsatz des Instrumentariums zu konzentrieren. Die Priorität liegt bei der Beseitigung personalpolitischer Schwachstellen.

Der kombinierte, nach obigen Überlegungen abgestimmte, Einsatz der verschiedenen Instrumente mündet in die sog. personalpolitische Konzeption, die das Gesamt und die Art des Einsatzes der Instrumente in einem Betrieb und in einem bestimmten Zeitraum umfaßt. An ihrer Weiterentwicklung ist ständig zu arbeiten, wobei nach der Philosophie des Personalmarketing immer die Mitarbeiter im Brennpunkt der Bemühungen stehen sollen.

VI. Die Personalforschung

Mit dem Abriß der Instrumente der Personal*politik* wurde die Aktionsseite des Personalmarketing, der Bereich der *Gestaltung* des personellen Sektors in der Unternehmung behandelt. Ihm steht in der Personal*forschung* die Informationsseite des Personalmarketing gegenüber. Wie schon ausgeführt wurde, ist es die Aufgabe der Personalforschung, den Verantwortlichen für die Personalpolitik Informationen darüber zu liefern, auf welche Weise am besten von den verschiedenen personalpolitischen Instrumenten Gebrauch gemacht werden kann. Wenn eingangs darauf hingewiesen wurde, daß sich das methodische Vorgehen des Personalmarketing dadurch auszeichne, daß die Einflüsse von Fingerspitzengefühl und Intuition weitgehend zurückgedrängt werden, indem sich der Entscheidungsträger um die Berücksichtigung alles Wißbaren bemühe, so verfügt er mit dem Einsatz der Personalforschung über die Möglichkeit, sich das erforderliche Wissen zu beschaffen.

Im Rahmen des Personalmarketing gehören Personalpolitik und Personalforschung immer zusammen. Während der Politik die Aufgabe der Gestaltung an sich zufällt, obliegt es der Forschung, personalpolitische Problemstellungen als Voraussetzung einer Zielformulierung zu erkennen, Wünsche und Erwartungen der Mitarbeiter zu erfassen und die voraussichtlichen Folgen des Einsatzes bestimmter personalpolitischer Instrumente im Hinblick auf personalpolitische Ziele zu prognostizieren. Schließlich ist es eine wichtige Funktion der Personalforschung, die Erfolgskontrolle *nach* dem Einsatz personalpolitischer Instrumente durchzuführen. Die Ergebnisse der Erfolgskontrolle gewährleisten die Rückkopplung im Prozeß der personalpolitischen Entscheidungsfindung und sind häufig Anlaß, neue Probleme und neue personalpolitische Ziele zu formulieren.

Die Personalforschung kann sich einer Vielzahl unterschiedlicher Verfahren bedienen, die jeweils spezifischen Fragestellungen entsprechen und für deren Zwecke die gewünschten Informationen zu liefern vermögen. Im folgenden sollen einige dieser Verfahren, die für Einzelhandelsbetriebe in der Größenordnung von Novo-Markt gut angewendet werden können, in groben Zügen behandelt werden.

Ehe jedoch auf die diversen Verfahren und Möglichkeiten der Informationsgewinnung im einzelnen eingegangen wird, sei kurz eine Eigenschaft bzw. Fähigkeit des Unternehmers oder Vorgesetzten angesprochen, deren Vorhandensein den Wert vieler dieser Verfahren überwiegen kann. Gemeint ist die Offenheit und Aufgeschlossenheit des Unternehmers für die Belange seiner Mitarbeiter. Wenn er es versteht, sich in ihre Situation hineinzuversetzen und den Betrieb und seine Personalpolitik mit ihren Augen zu sehen, dann wird er bald die Hauptprobleme seiner Mitarbeiter erblicken und auf der Basis des sich daraus entwickelnden Problembewußtseins auch den Schlüssel zum richtigen Einsatz der personalpolitischen Instrumente finden. In diesem Zusammenhang sei auch nochmals an die Philosophie des Personalmarketing erinnert, die sich der Unternehmer viel leichter zu eigen machen kann, wenn er über diese Offenheit verfügt. Mit diesem Hinweis auf die Aufgeschlossenheit und das Problembewußtsein des Unternehmers für den Personalbereich seines Unternehmens soll nicht wieder, das sei mit Nachdruck betont, der Intuition und dem Fingerspitzengefühl das Wort geredet werden; damit soll lediglich gesagt werden, daß diese Eigenschaften es dem Unternehmer erleichtern, erfolgreiches Personalmarketing zu betreiben; denn er wird — sofern er diese Fähigkeit besitzt und weiterentwickelt — nicht durch emotionale Barrieren behindert.

Wenn man sich nun einzelnen Verfahren der Personalforschung zuwendet, so sei als erstes ein Verfahren erwähnt, das vielen als Selbstverständlichkeit erscheint: die *Beobachtung* der Mitarbeiter. Damit ist auf keinen Fall gemeint, daß man sie heimlich bespitzeln soll — das wäre Ausdruck eines Mißtrauens, das hier völlig unangebracht ist —, sondern daß man die Augen offen hält für alles, was die Mitarbeiter tun und wie sie es tun. Wenn man z. B. die Annahme einer Warenlieferung beobachtet, kann man, wenn man nicht ganz bestimmte Vorurteile hat, deutlich erkennen, ob die damit verbundene Arbeit für die beteiligten weiblichen Mitarbeiter zu schwer oder noch erträglich ist. Erweist sich die Arbeit als körperlich zu schwer, so ergibt die Beobachtung als Information den Hinweis auf ein personalpolitisches Problem, dem sich die Formulierung des Ziels „Befreiung der weiblichen Mitarbeiter von schwerer körperlicher Arbeit" anschließen dürfte. Die Verarbeitung dieses Beobachtungsergebnisses zu dem personalpolitischen Ziel ist jedoch keineswegs selbstverständlich, ohne daß man sich die Marketing-Philosophie zu eigen gemacht hätte. Ohne diese Philosophie entfiele ja der Anlaß zu einer Politik der Arbeitserleichterung. Man bräuchte sich der Mühe einer Abänderung des bisherigen Zustands allenfalls dann zu unterziehen, wenn sich die Mitarbeiterinnen ausdrücklich beklagten und mit Kündigung drohten.

Über ein anderes wichtiges Verfahren der Personalforschung verfügt der Unternehmer in Form des *Mitarbeitergesprächs*. Dieses Gespräch hat eine doppelte Funktion: einerseits ist es unumgänglich bei der Verwirklichung des kooperativen Führungsstils (und gehört insoweit zu dem personalpolitischen Instrument Führungsstil); andererseits dient es als Verfahren der Personalforschung zur Gewinnung von Informationen. In einem kooperativ geführten Unternehmen gibt es praktisch keinerlei Einschränkungen für die Anwendung dieses Verfahrens. Es ist geeignet, Informationen über nahezu jeden Gegenstand innerhalb der personellen Sphäre des Unternehmens zu geben[17]. Voraussetzung für seinen erfolgreichen Einsatz ist allerdings, daß es auch vom Unternehmer sehr freizügig gehandhabt wird[18], daß er darauf verzichtet, seine Vorgesetztenrolle herauszukehren und daß es nicht bei einem Meinungsaustausch ohne Verbindlichkeit bleibt. Wenn das Gespräch als Einrichtung seinen

---

[17] Über das Mitarbeitergespräch zur Entschärfung von Konfliktsituationen vgl. *Hannig*, W.: Die soziale Dimension, in: Lebensmittelzeitung, Nr. 52 v. 24. 12. 1970, S. 12.
[18] Vgl. zur Frage, wie ein Mitarbeitergespräch zu führen ist, *Höhn*, R.: Menschenführung im Handel, Bad Harzburg 1962, S. 91 ff.

Wert behalten soll, ist dafür zu sorgen, daß die gewonnenen Informationen auch tatsächlich genutzt werden. Sollten die Mitarbeiter den Eindruck gewinnen, daß aus den Informationen, Meinungen, Anregungen, Wünschen und Erwartungen, die sie im Gespräch äußern, nicht oder nur selten Konsequenzen im Hinblick auf die Personalpolitik des Unternehmens gezogen werden, so darf es nicht verwundern, wenn ihr Interesse an gesprächsweisen Kontakten zum Unternehmer schnell verblaßt und das Gespräch als Verfahren der Personalforschung sich entwertet.

Ein weiteres Mittel zur Gewinnung von Informationen für personalpolitische Entscheidungen ist die *Arbeitsbewertung*. Mit Hilfe der Arbeitsbewertung werden die Schwierigkeiten der verschiedenen Arbeiten, also die Anforderungen, die die einzelnen Tätigkeiten an die Mitarbeiter stellen, quantitativ ermittelt. Dabei werden die an den einzelnen Arbeitsplätzen im Betrieb tatsächlich anfallenden Arbeiten beurteilt, ohne daß die Person desjenigen, der sie ausführt, seine individuelle Leistungsfähigkeit und sein subjektives Schwierigkeitsempfinden Berücksichtigung finden.

Um den Schwierigkeitsgrad einer Arbeit möglichst genau erfassen zu können, werden die Anforderungen eines Arbeitsplatzes oder des Aufgabenbereichs in Einzelanforderungen aufgespalten und diese jeweils getrennt bewertet. Über die zu bewertenden Anforderungsmerkmale herrscht seit der Internationalen Tagung über Arbeitsbewertung in Genf im Jahre 1950 weitgehend Einigkeit. Das dort konzipierte „Genfer Schema" gliedert alle zu bewertenden Anforderungen in die folgenden vier Hauptmerkmalsgruppen, von denen jede noch in eine Anzahl Untermerkmale aufgeteilt werden kann:

1. Fachkönnen,
2. Belastung,
3. Verantwortung,
4. Umwelteinflüsse (Arbeitsbedingungen).

Nach Aufgliederung dieser vier Hauptanforderungen in einzelne Untermerkmale[19] gilt es, das Ausmaß zu beurteilen, in dem ein gedachter Normalarbeiter im Rahmen der verschiedenen Tätigkeiten von den einzelnen Anforderungsarten beansprucht wird. Um jedoch die Schwierigkeiten der verschiedenen Arbeiten vergleichen und gegeneinander abwägen zu können, müssen die qualitativen Beurteilungsergebnisse in Zahlen ausgedrückt werden. Das erfolgt in der Regel durch eine zahlenmäßige Gewichtung der unterschiedlich hohen Beanspruchungsgrade. Auf diese Weise kommen die Schwierigkeitsgrade oder Arbeitswerte

---

[19] Vgl. dazu das Beispiel auf S. 75.

der verschiedenen Aufgabenbereiche in bestimmten Punktzahlsummen zum Ausdruck[20]. Die so ermittelten Arbeitswerte stellen wertvolle Informationsunterlagen für Entscheidungen in der Lohnpolitik, der Stellenbesetzung, der Ausbildung und — vornehmlich in größeren Unternehmungen — der Laufbahnplanung dar. Ein Beispiel für die Anwendung der ursprünglich für den Industriebetrieb entwickelten Arbeitsbewertung im Handelsbetrieb findet sich auf S. 74 ff. dieser Schrift.

Während die Arbeitsbewertung die unterschiedlichen Schwierigkeitsgrade der einzelnen Aufgabenbereiche erfaßt, versucht man mit der *persönlichen Leistungsbeurteilung* Informationen über die individuelle Leistung der verschiedenen Mitarbeiter zu gewinnen, indem man betriebswichtige Leistungen, Verhaltensweisen und Eigenschaften der Mitarbeiter, wie z. B. quantitative und qualitative Leistung, Fleiß, Arbeitsfreude, Verhalten gegenüber Kollegen, Zuverlässigkeit, Versetzbarkeit etc., systematisch und regelmäßig bewertet.

Brauchbarkeit und Aussagefähigkeit der mit der persönlichen Leistungsbeurteilung gewonnenen Ergebnisse hängen wesentlich ab von

— der Auswahl der Beurteilungsmerkmale,
— der Gewichtung der Merkmale,
— der Objektivität der Beurteilung,
— der Häufigkeit der Beurteilung.

Die im konkreten Fall neben dem Arbeitsergebnis tatsächlich ausgewählten *Beurteilungskriterien* werden je nach Betriebsgröße, Betriebsform, Verkaufsform der Einzelhandelsunternehmung etc. mehr oder weniger stark voneinander abweichen. Sie müssen so ausgewählt werden, daß sie das Leistungsverhalten der Mitarbeiter eindeutig widerspiegeln und von Dritten leicht verstanden werden können. Schließlich müssen sie gegeneinander so klar abgrenzbar sein, daß Doppelbewertungen vermieden werden. Obwohl die im Einzelfall zu treffende Auswahl der Kriterien für die Beurteilung der Mitarbeiterleistung von zahlreichen betriebsindividuellen Faktoren beeinflußt wird, erscheint es dennoch möglich und zweckmäßig, auch für den Einzelhandel ein System von Bewertungsmerkmalen aufzustellen, das einerseits genügend Spielraum für die betriebsindividuellen Verhältnisse läßt, andererseits einen brauchbaren Leitfaden für die Beurteilung der Mitarbeiterleistung im Einzelhandel verkörpert. Das folgende System vermag diesen Anforderungen weitgehend zu entsprechen[21]:

---

[20] Vgl. S. 76.
[21] Vgl. *Schnellinger*, F.: Leistungslohn im Handel, a.a.O., S. 86; vgl. dazu auch *Gaugler*, E.: Leistungsbeurteilung und Leistungsbeteiligung im Einzelhandel, in: Mensch und Arbeit, 7. Jg. (1955), S. 177 - 180.

1. Qualität der Arbeit:
    a) Verhalten gegenüber Kunden
    b) Sauberkeit und Ordnung im Verantwortungsbereich
    c) Personaleinsatz
    d) Personalausbildung
    e) Warenverluste
    f) Warenbestand
    g) Arbeitsgeschwindigkeit[22]
    h) Häufigkeit von Abrechnungsdifferenzen[22]
2. Verwendbarkeit:
    a) Vielseitigkeit im eigenen Aufgabenbereich
    b) Verwendbarkeit für andere Aufgaben
3. Initiative und Einsatzbereitschaft:
    a) Zahl der Verbesserungsvorschläge
    b) Mithilfe bei der Überwindung unvorhergesehener Schwierigkeiten
    c) Bereitschaft zur Leistung von Überstunden
    d) freiwillige berufliche Weiterbildung
4. Verhalten gegenüber Kollegen
5. Befolgen von Anweisungen
6. Äußere Erscheinung des Mitarbeiters
7. Verantwortungsbewußtsein
8. Pünktlichkeit
9. Quantitatives Arbeitsergebnis

Dieses Schema umfaßt neun Merkmale, von denen die ersten drei in spezifizierende Merkmale aufgeteilt wurden, die gesondert zu beurteilen sind. Die Summe der Teilwerte dieser Untermerkmale ergibt den Gesamtwert des jeweiligen Hauptmerkmals. Die Merkmale 4. bis 9. bedürfen keiner Untergliederung, da sie direkt beurteilt werden können.

An die Auswahl der Merkmale schließt sich deren *Gewichtung* an, die ebenfalls weitgehend von den betriebsindividuellen Verhältnissen bestimmt wird.

Bei der Gewichtezumessung für die zu beurteilenden Merkmale geht man zweckmäßigerweise folgendermaßen vor: Zunächst werden die ausgewählten Merkmale nach Maßgabe der ihnen zugeordneten Bedeutung in eine Rangfolge gesetzt. Hierauf werden die einzelnen Beurteilungs-

---

[22] insbesondere für Kassenkräfte eines SB-Geschäftes.

kriterien — wiederum entsprechend dem Gewicht, das für sie vorgesehen ist — mit Höchstpunktzahlen versehen. So mögen beispielsweise das Merkmal „Qualität der Arbeit" einen Maximalwert von 20 Punkten, das Kriterium „Initiative und Einsatzbereitschaft" einen solchen von 14 Punkten erhalten usw.

Nach der Verteilung der Maximalwerte ist jedes Merkmal in Beurteilungsstufen einzuteilen. Dabei sollte aus Symmetriegründen zweckmäßigerweise eine ungerade Stufenzahl, beispielsweise eine Fünf-Stufen-Einteilung, gewählt werden, weil damit die zahlenmäßig am häufigsten vertretene Durchschnittskraft in die mittlere Stufe eingeordnet werden kann.

Auf der Grundlage der Gewichtung und Stufung der einzelnen Merkmale kann nun ein sogenannter Leistungsbeurteilungsbogen für die Mitarbeiter entwickelt werden, dem zu entnehmen ist, welche Punktwerte für die verschiedenen Stufen gegeben werden.

Da die Leistungsbeurteilung von Menschen durchgeführt wird — in der Regel von den unmittelbaren Vorgesetzten oder dem Geschäftsinhaber — kann ein hundertprozentiger *Objektivitätsgrad* wohl nie erreicht werden. Immerhin kann eine Reihe von Maßnahmen ergriffen werden, um die in der Subjektivität der Beurteilung liegenden Gefahren der Willkür und Ungenauigkeit einzudämmen. Mittel hierzu sind beispielsweise die sinnvolle Auswahl der Urteilskriterien, eine zweckmäßige Gestaltung des Beurteilungsbogens, die systematische Schulung und Übung der Vorgesetzten im Beobachten und Beurteilen der Verhaltensweisen der Mitarbeiter, die laufende Überwachung, Kontrolle und Korrektur der Beurteilungsergebnisse sowie ihre Diskussion mit den Beurteilten. Den Mitarbeitern muß ihr Beurteilungsergebnis in jedem Fall mitgeteilt und sein Zustandekommen erläutert werden. Je mehr für sie vom jeweiligen Beurteilungsergebnis abhängt, desto dringender empfiehlt es sich, sie auch schon an der Entwicklung des Beurteilungssystems mitarbeiten zu lassen.

Die *Häufigkeit* der Leistungsbeurteilung schließlich wird nach oben begrenzt durch die nicht unbedeutende Arbeitsbelastung, die sie mit sich bringt, und nach unten durch die Wirkung der Beurteilung, insbesondere im Hinblick auf die Entlohnung der Mitarbeiter. Je größer nämlich die Zeitabstände zwischen den einzelnen Beurteilungen sind, desto geringer wird die Resonanz bei den Mitarbeitern. Deshalb sollte die Beurteilung, wenn irgend möglich, zumindest zweimal im Jahr durchgeführt werden.

Ebenso wie die Arbeitsbewertung liefert die persönliche Leistungsbeurteilung wichtige Informationsunterlagen für Entscheidungen in der Lohnpolitik — nach Maßgabe der Beurteilungsergebnisse können beispielsweise die Leistungszulagen auf das Grundgehalt bemessen werden

— in der Stellenbesetzung und Beförderung, der Ausbildung und dergleichen mehr. Von dem Gegenstand der Entscheidung, für den die Beurteilungsergebnisse in erster Linie benötigt werden, hängen Auswahl und Gewichtung der Kriterien sowie die Häufigkeit der Beurteilung wesentlich ab.

Mit diesen Ausführungen zur Leistungsbeurteilung schließt der kurze Abriß des Personalmarketing als theoretisches System. Im folgenden wird versucht, anhand einer Fallstudie, die die tatsächliche Situation einer Unternehmung des Lebensmitteleinzelhandels widerspiegelt, die praktische Anwendung des Personalmarketing auf die personalpolitischen Probleme des Inhabers dieser Unternehmung zu verdeutlichen.

Zunächst wird die Fallstudie selbst dargestellt. Ihr schließen sich nach einer Analyse der in ihr enthaltenen Probleme die Lösungsvorschläge im Sinne des Personalmarketing an.

B. Die Fallstudie „Novo-Markt"

I. Allgemeines

Herr Markus (51) betreibt zusammen mit seiner Frau in der neu errichteten Trabantenstadt „Grünfeld" im Südwesten einer westdeutschen Großstadt einen Lebensmittel-Supermarkt, der der Kette „Novo" angeschlossen ist. Grünfeld wurde — wie der Name schon erkennen läßt — als moderne Entlastungsstadt „auf der grünen Wiese" errichtet und liegt 18 km vom Stadtzentrum entfernt.

Anfangs war Herr Markus mit seinem Geschäft in einer provisorischen Baracke untergebracht. 1965 mietete er im „Einkaufszentrum" von Grünfeld einen Laden von 542 qm. 1966 konnte ein daneben gelegenes, bis dahin leer gebliebenes Geschäftslokal von 116 qm hinzugemietet werden. Damit verfügt Markus über eine Gesamtfläche von 658 qm, wovon 568 qm als reine Verkaufsfläche genutzt werden.

Die Firma Novo-Markt führt ein Lebensmittel-Vollsortiment mit einem Nonfood-Anteil (Damenstrümpfe, Zeitungen, Haushaltwaren, Spielwaren und Geschenkartikel) von ca. 8 % vom Umsatz. Als besonderer Anziehungspunkt für die Kunden erweist sich die Frischfleisch-Abteilung, mit der Markus rund 20 % seines gesamten Umsatzes erzielt.

II. Die Absatzsituation von Novo-Markt

Entsprechend der großen Zahl von Sozialwohnungen in Grünfeld setzen sich die Kunden von Novo-Markt hauptsächlich aus Angehörigen der unteren Sozialschichten zusammen. Die nicht im sozialen Wohnungsbau erstellten Wohnungen sind — trotz der großen Entfernung zur City — relativ teuer (ca. 520,— DM für eine 3-Zimmerwohnung). Da in Grünfeld hauptsächlich junge Ehepaare mit kleineren Kindern wohnen, die erst im Begriff sind, sich eine gesicherte wirtschaftliche Basis zu erarbeiten, müssen die Frauen beim Einkauf „mit dem Pfennig rechnen" (die Männer arbeiten tagsüber in der City). Das äußert sich beispielsweise darin, daß Herr Markus — nach eigenen Aussagen — von einem Wein zu 1,48 DM je Flasche innerhalb von 10 Tagen 1000 Flaschen, von einem zu 3,85 DM hingegen kaum 20 Flaschen absetzen kann.

Trotz einiger recht beachtlicher Wettbewerber (eine Metzgerei, ein der Edeka angeschlossenes früheres Feinkostgeschäft, das inzwischen ein

Lebensmittel-Vollsortiment auf 200 qm Verkaufsfläche anbietet, eine Tengelmann-Filiale mit ca. 400 qm und ein Spar-Geschäft mit 260 qm Verkaufsfläche) ist die Absatzsituation der Fa. Novo-Markt als hervorragend zu bezeichnen.

Herr Markus vertritt die Auffassung, daß er seinen Umsatz ohne Schwierigkeiten um etwa 1 Million DM vergrößern könnte, wenn er über die dafür erforderlichen Mitarbeiter und Räumlichkeiten verfügen würde (zur Umsatzentwicklung vgl. Anlage I). Die außergewöhnlich gute Geschäftsentwicklung von Novo-Markt spiegelt sich auch in den Leistungskennzahlen „Umsatz je beschäftigte Person", „Umsatz pro qm Verkaufsraum" und „Lagerumschlag" wider (vgl. Nr. 1, 2 und 3 der Anlage II).

Unbeschadet dieser erfreulichen Absatzsituation sieht sich Herr Markus jedoch mit schwerwiegenden Problemen konfrontiert.

III. Die Personalsituation von Novo-Markt

Herr Markus beschäftigt in seinem Betrieb 16 Ganztags-, 7 Halbtags- und 5 Aushilfskräfte. Da er selbst und seine Frau voll mitarbeiten, verfügt die Unternehmung über einen Personalbestand von (gewichtet) 23 Beschäftigten, der sich seit 1967 zahlenmäßig nicht verändert hat.

Trotz der offensichtlichen personellen Unterbesetzung ist bei Novo-Markt der Anteil der Personalkosten am Umsatz ungleich höher als bei vergleichbaren Betrieben (vgl. Nr. 5 der Anlage II). In dieser immer noch steigenden Personalkostenbelastung sieht Markus einen der Hauptgründe dafür, daß sein steuerliches Betriebsergebnis von 1967 bis 1970 um 1,1 % gesunken ist (vgl. Nr. 6 der Anlage II).

Der hohe Anteil der Personalkosten am Umsatz ist eine unmittelbare Folge der ungewöhnlich hohen Gehälter, die Herr Markus seinen Beschäftigten zahlt. Beispielhaft hierfür seien die monatlichen Bruttogehälter von folgenden Kräften genannt:

Erster Metzger	2900,— DM
Zweiter Metzger	1900,— DM
Erster Verkäufer	1750,— DM
Erste Verkäuferin	1300,— DM

Den übrigen Verkaufs- und Kassenkräften werden monatliche Bruttogehälter von 950,— bis 1050,— DM gezahlt. Eine neue Verkäuferin erhält 900,— DM, nach drei Monaten Probezeit 950,— DM und nach weiteren sechs Monaten 1000,— DM. Die Halbtagskräfte haben den gleichen Gehaltssatz wie die Vollbeschäftigten, bekommen also die Hälfte des Bruttogehaltes der Ganztagskräfte. Aushilfen werden stundenweise entlohnt

III. Die Personalsituation von Novo-Markt

(ca. 4,— DM brutto pro Stunde). Sämtliche bei Novo-Markt gezahlten Gehälter sind fix. Leistungs- bzw. Erfolgslohn wird nicht gewährt. Außer einer Weihnachtsgratifikation in Höhe eines halben Monatsgehaltes erhalten die Mitarbeiter keine Sozialleistungen.

Die Ganztagskräfte von Novo-Markt haben eine wöchentliche Arbeitszeit von 50 Stunden. Dazu kommen noch ca. 3 Stunden für Aufräumungsarbeiten etc. Demgegenüber beträgt die tarifliche Arbeitszeit $42^1/_2$ Stunden pro Woche; d. h. die Beschäftigten von Novo-Markt haben pro Woche durchschnittlich etwas mehr als 10 Überstunden abzuleisten, die *nicht* gesondert vergütet werden. Markus betrachtet die Überstunden durch die hohen Gehälter als abgegolten. Diese Regelung ist Bestandteil des Arbeitsvertrages zwischen Novo-Markt und seinen Beschäftigten. Die Halbtagskräfte werden von dieser „Überstundenregelung" nicht betroffen, da sie sowohl mittags als auch abends auf die Minute pünktlich um 12.00 Uhr bzw. 18.00 Uhr ihren Arbeitsplatz verlassen. Außerdem wird ihr Gehalt auf der Grundlage der tariflich fixierten $42^1/_2$ Stunden pro Woche berechnet.

Trotz der nahezu konkurrenzlos hohen Gehälter, die Herr Markus zahlt, hat er größte Schwierigkeiten bei der Personalgewinnung. Novo-Markt leidet ständig unter Personalmangel.

Den Arbeitsmarkt seiner näheren Umgebung, also die Trabantenstadt Grünfeld, hält Markus für absolut unergiebig, da die meisten Berufstätigen in der 18 km entfernten City arbeiten. In Grünfeld selbst bleiben nur die sog. „Grünen Witwen", meist junge Frauen, die keine Beschäftigung annehmen können, da sie niemanden zur Beaufsichtigung ihrer Kinder haben. Herr Markus hat festgestellt, daß diese Frauen gerne — schon des Geldes wegen — eine Halbtagsarbeit übernehmen würden, wenn sie ihre Kinder in dieser Zeit versorgt wüßten. Ein weiterer Grund dafür, daß Markus die Einwohner von Grünfeld bei seiner Personalwerbung fast völlig außer acht läßt, ist, daß Novo-Markt den Ruf genießt, man müsse dort „viel und hart arbeiten". Herr Markus jedoch ist der Auffassung, daß die „jungen Frauen von heute nur Geld verdienen, aber nichts arbeiten wollen".

Aus diesen Gründen hat Herr Markus in der Vergangenheit seinen Personalbedarf fast ausschließlich — allerdings unter größten Anstrengungen — aus weiter entfernten ländlichen Gegenden gedeckt. Diesen Kräften stellt die Fa. Novo-Markt kostenlos Zimmer zur Verfügung.

Ein ebenso großes Problem wie die *Personalbeschaffung* stellt für Markus die *Erhaltung* seiner Mitarbeiter dar. Novo-Markt hat eine als sehr hoch zu bezeichnende Fluktuation (Personalwechsel) zu beklagen. Nach Aussagen von Herrn Markus bleibt von vier neu eingestellten Kräften im Durchschnitt nur eine dem Unternehmen erhalten. 1970 haben 14 Vereine. 1970 haben 14 Verkaufskräfte gekündigt. Dabei ist die Fluktuationsquote bei den Vollbeschäftigten ungleich höher als bei den Teilzeitbeschäftigten. Als Kündigungsgrund wird — von wenigen Ausnahmen abgesehen — stets angegeben: „Zuviel und zu schwere Arbeit, zu lange Arbeitszeit."

Trotz dieses hohen Personalwechsels bezeichnet Herr Markus das in Novo-Markt herrschende Betriebsklima als „sehr gut". Er selbst bemüht sich — wie er sagt — „nicht Chef zu sein", sondern Erster unter Gleichen. Dieses Bemühen äußert sich z. B. darin, daß er am liebsten darauf verzichten würde, seinen Mitarbeitern Anweisungen zu geben. Er fürchtet sich davor, daß, „wenn er als Chef auftritt", so drückt er sich aus, die Mitarbeiter die Firma noch schneller wieder verlassen. Er beklagt sich darüber, daß die meisten Mitarbeiter sich nur wenig für die Arbeit interessieren. Weil aber viele nicht von selbst arbeiten, kommt er ohne ständige Anweisungen nicht aus. „Hinter allen muß ich herlaufen." Besonders mit einigen jüngeren Kräften hat er Schwierigkeiten: „Die haben alles andere im Kopf als zu arbeiten. Sagt man ihnen etwas, so hört man nur Widerworte, oder sie wollen kündigen. So schwer wie heute war das noch nie mit dem Personal. Früher kannten die Leute noch ihre Pflicht."

Obwohl von allen Beschäftigten ein Obmann gewählt worden ist, dessen Aufgabe darin besteht, alle Belange des Personals gegenüber dem Chef zu vertreten, wenden sich die Mitarbeiter mit Wünschen, Klagen, Beschwerden, Verbesserungsvorschlägen („kommen nur sehr selten") etc. direkt an Markus bzw. dessen Frau.

Angesichts der großen personellen Schwierigkeiten scheint Markus langsam zu resignieren. Er macht überdies einen überarbeiteten Eindruck. Auf Befragen erklärt er, daß er und seine Frau schon seit drei Jahren keinen Urlaub mehr gemacht hätten. „Wenn wir weg sind, geht doch alles drunter und drüber." Markus glaubt, alles in seinen Kräften Stehende versucht zu haben, und sieht keine Möglichkeit mehr, seine Personalprobleme zu lösen bzw. zu verringern.

Die Aufgabe:

Welche Maßnahmen sind Herrn Markus vorzuschlagen, um eine Verbesserung seiner kritischen Personalsituation herbeizuführen?

III. Die Personalsituation von Novo-Markt

Anlage I

Die Umsatzentwicklung der Fa. Novo-Markt

Novo-Markt			Vergleichs- betriebe
1968		4 955 000,—	4 393 600,—
1969		5 106 000,—	4 590 100,—
1970	Jan. 402 170,—		
	Febr. 389 420,—		
	März 421 533,—		
	April 426 722,—		
	Mai 438 729,—		
	Juni 392 296,—		
	Juli 404 620,—		
	Aug. 388 752,—		
	Sept. 393 953,—		
	Okt. 448 388,—		
	Nov. 397 436,—		
	Dez. 483 981,—	5 487 000,—	....

B. Die Fallstudie „Novo-Markt"

Anlage II

	1. Umsatz je beschäftigte Person	
	Novo-Markt	Vergleichsbetriebe
1968	215 400,—	180 000,—
1969	222 000,—	190 000,—
1970	238 000,—	....

	2. Umsatz pro qm Verkaufsraum	
	Novo-Markt	Vergleichsbetriebe
1968	8 724,—	8 400,—
1969	8 990,—	8 730,—
1970	9 660,—	....

	3. Lagerumschlag (... mal)	
	Novo-Markt	Vergleichsbetriebe
1968	31,2	27,5
1969	32,1	27,3
1970	32,5	....

	4. Zahl der qm Verkaufsraum je beschäftigte Person	
	Novo-Markt	Vergleichsbetriebe
1969	24,7	21,3
1970	24,7	....

	5. Personalkosten in % vom Umsatz	
	Novo-Markt	Vergleichsbetriebe
1969	6,2	5,7
1970	6,6	....

	6. Steuerliches Betriebsergebnis der Fa. Novo-Mark in % vom Umsatz
1967	4,1
1968	3,7
1969	3,4
1970	3,0

C. Ansätze zu einer Lösung des in der Fallstudie gestellten Problems

I. Analyse der Ausgangssituation

Novo-Markt leidet seit langem unter einem starken Mangel an Mitarbeitern. Der seit 1967 zahlenmäßig unveränderte Personalbestand der Unternehmung beläuft sich auf (gewichtet) 23 Beschäftigte. Stellt man die Leistungskennzahlen „Umsatz je beschäftigte Person" und „Zahl der qm Verkaufsraum je beschäftigte Person" den entsprechenden Zahlen von Vergleichsbetrieben gegenüber (vgl. Nr. 1 und 4 der Anlage II), so ist deutlich zu erkennen, daß Novo-Markt personell unterbesetzt ist; denn in beiden Fällen übersteigen die Werte von Novo-Markt die Vergleichszahlen erheblich. Diese Divergenz wird noch drastischer, wenn man bedenkt, daß Herr Markus — bei dem Geschäftsumfang seiner Unternehmung — mit der Erfüllung von spezifisch unternehmerischen Tätigkeiten voll ausgelastet — wenn nicht schon überlastet — ist und somit als voll mitarbeitende Kraft im Verkauf nicht berücksichtigt werden darf. Der tatsächliche Personalbestand der Unternehmung verringert sich unter diesem Aspekt auf 22 Beschäftigte.

Die Chancen einer erfolgreichen *Beschaffung* zusätzlicher Ganztagstagskräfte müssen in der Situation, in der sich Markus befindet, als äußerst gering veranschlagt werden; denn einmal ist natürlich auch Markus von dem allgemeinen, konjunkturell bedingten Arbeitskräftemangel im Handel betroffen; zum anderen wirken sich speziell die Lage von Novo-Markt in der von der City 18 km entfernten Trabantenstadt Grünfeld und die dortige Bevölkerungsstruktur negativ auf die Gewinnung von Ganztagskräften aus. Einer Anwerbung zusätzlicher Kräfte aus weiter entfernten ländlichen Gegenden steht entgegen, daß Markus in diesem Fall weitere Wohnräume in Grünfeld mieten müßte, um sie diesen Mitarbeitern kostenlos zur Verfügung zu stellen. Dies aber würde den bei Novo-Markt ohnehin schon hohen Anteil der Personalkosten am Umsatz (vgl. Nr. 5 der Anlage II) noch weiter steigen lassen. Außerdem hat Markus gerade bei diesen Mitarbeitern die Erfahrung gemacht, daß sie die Tätigkeit bei Novo-Markt nur als Ausgangsbasis betrachten, um sich eine andere Beschäftigung in der Stadt zu suchen.

Ebenso große Schwierigkeiten wie die Gewinnung zusätzlicher Ganztagskräfte bereitet Markus die Aufgabe, die bereits vorhandenen Mitarbeiter in seiner Unternehmung zu *halten*. Obwohl Markus sehr hohe Gehälter bezahlt, weist Novo-Markt eine — auch für die prekäre Personalsituation im Handel — als ungewöhnlich hoch zu bezeichnende Fluktuation auf: Von vier neu eingestellten Mitarbeiterinnen bleibt durchschnittlich nur eine der Unternehmung für längere Zeit erhalten; allein im Jahre 1970 haben 14 Verkaufs- und Kassenkräfte gekündigt. Von ganz wenigen Ausnahmen abgesehen, werden von den Mitarbeitern, die Novo-Markt verlassen, als Kündigungsgründe genannt: Zuviel und zu schwere Arbeit, zu lange Arbeitszeit. Mit diesen immer wieder vorgebrachten Kündigungsargumenten hat sich Markus resignierend abgefunden, da es nach seiner Auffassung im Einzelhandel nicht möglich ist, beispielsweise die Arbeitszeit zu verkürzen. Er glaubt, nichts dagegen tun zu können, daß immer mehr seiner Mitarbeiter in Tätigkeitsbereiche abwandern, in denen sie zwar zum Teil erheblich weniger verdienen als bei ihm, dafür jedoch mehr Freizeit genießen. Mit anderen Worten, Markus meint, der übermächtigen Konkurrenz durch Industriebetriebe, Banken, Versicherung und dergleichen mehr im Kampf um die Besetzung von Arbeitsplätzen nichts entgegenhalten zu können.

Eine genauere Analyse der Personalsituation von Novo-Markt läßt indessen den Schluß zu, daß es sich bei den immer wieder vorgebrachten Kündigungsgründen nicht um die wahren, zumindest nicht um die einzigen Ursachen der hohen Fluktuationsquote handelt. Vielmehr ist die Wahrscheinlichkeit dafür groß, daß die Mitarbeiter mit anderen in der Unternehmung herrschenden Gegebenheiten nicht zufrieden sind, ihre Unzufriedenheit jedoch nicht anders artikulieren können als — im Wege des „Rationalisierens" — Arbeitszeit und -menge „vorzuschieben". Ist man sich dieser Möglichkeit bewußt, so stößt man bei der systematischen Suche nach anderen denkbaren Kündigungsgründen auf die folgenden potentiellen Ursachen für die Abwanderung der Mitarbeiter bei Novo-Markt:

1. Obwohl man grundsätzlich nicht davon ausgehen kann, daß alle Mitarbeiter eines Betriebes die gleiche Leistung erbringen bzw. einen gleich großen Beitrag zur Erzielung des Betriebserfolges leisten, zahlt Markus nur fixe Gehälter in der Form, daß alle Mitarbeiter innerhalb einer Gehaltsstufe das gleiche Arbeitseinkommen beziehen. Eine solche Regelung trägt zur Unzufriedenheit gerade der einsatzfreudigen Mitarbeiter bei, da sie sich gegenüber den weniger leistungswilligen Kollegen benachteiligt fühlen. Sie sehen diese Benachteiligung nicht nur als eine finanzielle Einbuße, sondern auch als eine Art Statusverlust an; denn ein höheres Gehalt wird in der Regel als Auszeichnung und höhere Rangeinstufung „erlebt".

2. Im Gehalt einer jeden Ganztagskraft ist die Abgeltung von durchschnittlich 10 Überstunden pro Woche enthalten; d. h. die Überstun-

den werden nicht gesondert vergütet. Diese Regelung ist zwar Bestandteil des Arbeitsvertrages zwischen Markus und den Beschäftigten, sie wird jedoch von den Mitarbeitern im Laufe der Zeit gewissermaßen „vergessen" bzw. verdrängt; d. h. sie erleben die Überstunden als zusätzliche eigene Leistung, für die die Unternehmung keine Gegenleistung erbringt. Daß sich auch dies nicht gerade positiv auf die Zufriedenheit und das Wohlbefinden der Mitarbeiter von Markus auswirkt, bedarf keiner besonderen Betonung.

3. Die Vergütung der Teilzeitkräfte, deren Gehaltssatz gleich dem der Vollzeitkräfte ist, wird auf der Grundlage der tariflich fixierten $42^{1}/_{2}$ Stunden Arbeitszeit pro Woche berechnet. Damit erreicht eine Halbtagskraft bereits bei rund 21 Stunden Arbeitszeit pro Woche die Hälfte des Gehalts einer Ganztagskraft, die im Durchschnitt 53 Stunden in der Woche zu arbeiten hat. Umgerechnet muß also eine Ganztagskraft $26^{1}/_{2}$ Stunden arbeiten, um die gleiche Vergütung wie eine Halbtagskraft für $21^{1}/_{4}$ Stunden zu erhalten. Die Teilzeitkräfte sind aus diesem Grunde und weil sie es strikt ablehnen, nach ihrer „offiziellen" Arbeitszeit noch erforderliche Nebentätigkeiten zu verrichten, objektiv besser gestellt als die Vollbeschäftigten. Diese offensichtliche Bevorzugung der Teilzeitkräfte wird von den Ganztagskräften als besonders ungerecht empfunden, weil die Teilzeitkräfte ohnehin erheblich mehr von dem genießen, was die Vollbeschäftigten so sehr vermissen, nämlich Freizeit. Daraus hat sich eine tiefe gegenseitige Abneigung der beiden Mitarbeitergruppen entwickelt. Die Vollbeschäftigten machen ihrer Unzufriedenheit dadurch Luft, daß sie die Teilzeitkräfte als fachlich unqualifizierte Mitläufer und Nutznießer der personellen Unterbesetzung bei Novo-Markt behandeln. Markus hat es bisher nicht geschafft, die Kluft zwischen den beiden Gruppen zu überbrücken; er will weder seine sieben Halbtagskräfte, die er dringend benötigt, noch seine vollbeschäftigten Mitarbeiter, denen er ohnehin latente Abwanderungsgelüste unterstellt, verärgern. Deshalb hält er sich aus diesem Streit so weit wie möglich heraus.

4. Obwohl auch bei Novo-Markt — wie grundsätzlich bei jedem Einzelhandelsbetrieb — Kundenandrang und Höhe des erzielten Umsatzes im Tages-, Wochen- und Monatsverlauf starken Schwankungen unterliegen, betreibt Markus keine Personaleinsatzpolitik. Damit müssen sämtliche Ganztagskräfte jeden Tag die volle Zeit anwesend sein, auch dann, wenn ein Teil von ihnen mangels Kundenandrang oder sonstigem Arbeitsanfall kaum beschäftigt ist. Ein Ausgleich der Beschäftigungsschwankungen erfolgt — sofern davon überhaupt gesprochen werden kann — ausschließlich über den Einsatz der Teilzeitkräfte und Aushilfen. Es ist selbstverständlich, daß auch die bei

Novo-Markt beschäftigten Ganztagskräfte eine Reihe von Besorgungen zu erledigen haben (Behördengänge, Friseur, kleinere Einkäufe etc.). Die Tatsache, daß ihnen in Zeiten geringer Kundenfrequenz, in denen ihre Anwesenheit nicht unbedingt erforderlich ist, ein paar Stunden Freizeit für ihre Besorgungen nicht zur Verfügung stehen, stößt bei vielen auf Unverständnis und Ablehnung.

5. Das von Markus als „sehr gut" bezeichnete Betriebsklima scheint nicht nur durch die Spannungen zwischen Ganztags- und Teilzeitkräften getrübt zu sein. Einmal versteht es Markus offensichtlich nicht, den von den Mitarbeitern gewählten Betriebsobmann, der eine Art Betriebsrat verkörpert, bei der Wahrnehmung seiner Aufgaben zu unterstützen.

Zum anderen besteht sicherlich auch zwischen seiner resignierenden Haltung in Sachen Personalpolitik einerseits und der geringen Betriebsverbundenheit seiner Mitarbeiter andererseits eine enge Beziehung. Offensichtlich vermag Markus der *Personalführung* nicht gerecht zu werden. Zwar lehnt er es ab, autoritär zu führen, praktiziert jedoch auch keinen demokratischen, kooperativen Führungsstil, sondern beschränkt sich weitgehend auf eine „Laissez-faire-Haltung" des (möglichst) Nichteingreifens und Nichteinmischens. Diese Haltung resultiert wohl zum einen aus seiner Resignation im Rahmen der Personalpolitik und seiner Unsicherheit bei der Bewältigung von Führungsaufgaben, zum anderen aus seiner persönlichen Arbeitsüberlastung, die in seiner starken Mitarbeit im Verkauf begründet ist und ihm keine Zeit für die Wahrnehmung echter unternehmerischer Aufgaben läßt. Wesentlich zu seinem Fehlverhalten in der Personalführung trägt weiterhin seine negative Einstellung gegenüber seinen Mitarbeitern bei, von denen er glaubt, daß sie nicht arbeiten, sondern nur Geld verdienen wollen, daß sie an betrieblichen Vorgängen desinteressiert und nur auf ihre eigenen Vorteile bedacht seien.

Mit der Zahlung ausschließlich fixer Gehälter, dem Fehlen einer gesonderten Vergütung der Überstunden, der finanziellen Bevorzugung der Teilzeitkräfte, dem Verzicht auf eine den Freizeitinteressen der Mitarbeiter entgegenkommende Personaleinsatzplanung und dem Fehlverhalten von Markus bei der Personalführung sind die Umstände erfaßt, die zusammen mit den „offiziell" angeführten Kündigungsgründen „zuviel und zu schwere Arbeit, zu lange Arbeitszeit" als die Hauptursachen für die geringe Betriebsverbundenheit der Mitarbeiter von Novo-Markt anzusehen sind.

Trotz der kaum zu überwindenden Schwierigkeit, zusätzliche Ganztagskräfte für Novo-Markt zu gewinnen und sie der Unternehmung auf längere Sicht zu erhalten, läßt Markus den Arbeitsmarkt seiner näheren

Umgebung, also die Trabantenstadt Grünfeld, völlig außer Betracht. Obwohl er festgestellt hat, daß die „Grünen Witwen" von Grünfeld, meist junge Frauen mit Kindern, vor allem des Geldes wegen gerne eine Halbtagsbeschäftigung übernehmen würden, wenn sie in dieser Zeit ihre Kinder beaufsichtigt wüßten, bezieht er dieses Arbeitskräftepotential in seine Bemühungen um die Gewinnung zusätzlicher Mitarbeiter nicht ein. Markus begibt sich damit von vornherein der Möglichkeit, zusätzliche Teilzeitkräfte zu beschäftigen, einer Maßnahme, die sich in einem Großteil der Einzelhandelsbetriebe als geeignetes Mittel zur Bewältigung akuter Personalprobleme erwiesen hat. Die Chancen, Teilzeitkräfte zu gewinnen, die nicht in Grünfeld wohnen, sind wegen der langen Anfahrtswege und -zeiten, die diese auf sich nehmen müßten, äußerst gering.

II. Maßnahmen zur Lösung der Personalprobleme von Novo-Markt

1. Verbesserte Führung der Mitarbeiter

Die erste und vielleicht wichtigste „Maßnahme", die Markus im Rahmen einer langfristigen personalpolitischen Konzeption für Novo-Markt vorgeschlagen werden muß, betrifft die Führung seiner Mitarbeiter. Richtige Menschenführung im Betrieb ist gewissermaßen die Grundlage bzw. die Voraussetzung für den erfolgreichen Einsatz der darüber hinaus noch zur Verfügung stehenden personalpolitischen Instrumente; denn sie bezweckt, die Mitarbeiter allein durch entsprechendes Führungsverhalten dazu zu bringen, sich aus eigenem Antrieb für die Ziele des Betriebes einzusetzen und für die Probleme im Betrieb zu interessieren.

Um richtige Personalführung praktizieren zu können, muß Markus zwei wichtige Voraussetzungen erfüllen:

(1) Zunächst muß er sich so weit wie nur irgend möglich von Routineaufgaben befreien, mit denen er insbesondere deshalb so stark belastet ist, weil er als volle Kraft im Verkauf mitarbeitet. Er muß sich — gerade bei der Größe seines Betriebes — ganz auf die echten Unternehmeraufgaben im Sinne des Treffens von Grundsatzentscheidungen, der Überwachung und Kontrolle ihrer Durchführung sowie der Analyse ihrer Wirkungen konzentrieren. Zu den spezifisch unternehmerischen Aufgaben ist in einem Handelsbetrieb mittlerer Größe auch die Führung der Mitarbeiter zu zählen. Der Erfüllung solcher Funktionen kann sich Markus indes nur dann mit dem erforderlichen Einsatz widmen, wenn er sich von Routinetätigkeiten löst und sie seinen Mitarbeitern überträgt.

(2) Die zweite Voraussetzung erfolgreicher Personalführung, deren Erfüllung gerade im Fall Markus von entscheidender Bedeutung ist, ist

eine veränderte innere Einstellung gegenüber den Mitarbeitern. Markus' Einstellung seinen Beschäftigten gegenüber muß als grundsätzlich negativ und ablehnend bezeichnet werden („die wollen nicht arbeiten, sondern nur Geld verdienen"). Diese seine Haltung geht möglicherweise auf schlechte Erfahrungen zurück, die er mit früheren oder gegenwärtigen Mitarbeitern gemacht hat. Indem er seine ablehnende Einstellung jedoch grundsätzlich auf alle seine Mitarbeiter, ja auf *den* Mitarbeiter schlechthin ausdehnt, verallgemeinert er ungerechtfertigterweise seine negativen Erfahrungen und verdrängt seine positiven Erlebnisse. Darüber hinaus provoziert seine negative Einstellung gegenüber den Mitarbeitern deren Gleichgültigkeit und Interesselosigkeit geradezu: Statt zu führen und sie zu motivieren, läßt er sie seine negative Einstellung — wenn auch unbeabsichtigt — spüren und formt sie sozusagen nach seiner negativen Vorstellung von ihnen.

Neben seinem schablonenhaften Verhalten gegenüber allen Mitarbeitern fällt bei Markus vor allem die geradezu hilflose Resignation auf, mit der er seinen Personalproblemen gegenübersteht. Seine große Unsicherheit gegenüber den Mitarbeitern, die in erster Linie daraus resultiert, daß er sie als interesselose, egoistische, ja aufsässige Menschen ansieht, denen er aufgrund seiner prekären Lage ausgeliefert ist, zeigt sich nicht nur im Unterlassen wichtiger personalpolitischer Maßnahmen und in seiner Unfähigkeit, das Verhältnis zwischen Ganztags- und Teilzeitkräften zu verbessern, sondern auch in den hohen Fixgehältern, die er seinen Beschäftigten zahlt. Er scheint sich damit von den wichtigen Aufgaben der Mitarbeiterführung gewissermaßen „loskaufen" zu wollen. Da er damit indes nicht den gewünschten Erfolg hat (und auch nicht haben kann), resigniert er immer noch mehr. Er erkennt nicht, daß die Hauptursache für seine erfolglose Personalpolitik in seiner falschen Grundhaltung gegenüber den Mitarbeitern liegt, die gewissermaßen zwangsläufig ein falsches Führungsverhalten nach sich zieht. Er ist vielmehr der Überzeugung, daß diese Situation ihren Grund vor allem in der konjunkturell bedingten Überbeschäftigung hat, die „die Leute verdirbt". Damit verstellt er sich die Möglichkeit für eine Lösung seiner Probleme aus eigener Kraft. Richtige Menschenführung im Betrieb kann nur auf dem Boden der Philosophie des Personalmarketing gedeihen. Um diese muß sich Markus zunächst bemühen; erst dann kann eine Verbesserung seines Führungsverhaltens im Hinblick auf eine Annäherung an den kooperativen Führungsstil Erfolg haben. Wie schon an anderer Stelle erwähnt, ist eine nachhaltige Verbesserung kaum von heute auf morgen zu erwarten. Es handelt sich hierbei vielmehr um einen sehr langfristigen Prozeß, in dem Markus auch von außen — durch Schulung in Mitarbeiterführung — Unterstützung benötigt. Überdies sind auch noch andere Voraussetzungen zu schaffen, wovon im folgenden die Rede sein wird.

2. Übertragung größerer Verantwortung auf die Mitarbeiter

Wenn man Herrn Markus rät, er solle sich für die eigentlichen und entscheidenden Aufgaben eines Inhabers — Treffen grundsätzlicher Entscheidungen über die künftige Geschäftspolitik und deren Durchsetzung sowie Führung der Mitarbeiter — mehr Zeit nehmen, so wird er diesen Rat solange nicht befolgen können, wie er in den täglichen Routineaufgaben fast erstickt. Da er sich um jede Kleinigkeit kümmern muß, kommt er mit seiner Zeit trotz besten Willens nicht aus.

Man braucht überdies an der Richtigkeit seiner Aussage, man könne sich auf die Mitarbeiter nicht verlassen, sie seien so uninteressiert und würden von sich aus nicht aktiv, nicht zu zweifeln; denn sein Bestreben, sich um alles selbst zu kümmern, und die Inaktivität und das Desinteresse der Mitarbeiter bedingen sich weitgehend. Wir haben es hier mit einem richtigen Teufelskreis zu tun: je mehr der Chef sich bemüht, in jede Einzelheit regelnd einzugreifen, desto weniger interessieren sich die Mitarbeiter, weil ihnen der Chef ohnehin alles vorschreibt. Der Chef reagiert auf die von ihm richtig beobachtete Gleichgültigkeit der Mitarbeiter, indem er sich — aus verständlichen Gründen, denn er ist ja für die Aufrechterhaltung des Betriebsablaufs verantwortlich — noch intensiver als zuvor um jede Kleinigkeit kümmert, „weil es sonst ja niemand macht". Damit schließt sich der Teufelskreis, und es wäre verfehlt zu erwarten, daß die Mitarbeiter ihn von sich aus aufbrechen. Nur Markus selbst wäre dazu in der Lage. Wo kann er zu diesem Zweck ansetzen?

Der entscheidende Ansatzpunkt besteht darin, den Mitarbeitern ein größeres Maß von *Verantwortung zu übertragen*. Mit dieser Maßnahme erreicht man zweierlei: Einerseits entlastet man den Chef und macht ihn frei für die Lösung seiner eigentlichen unternehmerischen Aufgaben; andererseits trägt man dem Wunsch vieler Mitarbeiter, eine verantwortliche Tätigkeit auszuüben, Rechnung. Im selben Maße, wie ihre Verantwortung wächst, verringert sich ihre Gleichgültigkeit und Unzuverlässigkeit.

Die Übertragung von Verantwortungsbereichen vom Unternehmer auf die Mitarbeiter bedarf allerdings eines sehr sorgfältigen Vorgehens, wenn man Mißerfolge vermeiden will. Diese stellen sich z. B. sofort ein, wenn Mitarbeiter mit Aufgaben betraut werden, zu deren Lösung sie deshalb nicht in der Lage sind, weil sie nur aus der Sicht des gesamten Geschäftsbetriebs ausgeführt werden können oder weil sie nicht über die dazu erforderliche Ausbildung verfügen oder weil ihnen die notwendigen Informationen vorenthalten werden.

C. Ansätze zu einer Lösung des gestellten Problems

Der erste Schritt zu einer Umverteilung der Aufgaben und zur Bildung von Verantwortungsbereichen stellt die *vollständige* Erfassung aller Tätigkeiten im Geschäft des Erwin Markus dar. Tätigkeiten, die bei der Erfassung übersehen werden, können später nicht bestimmten Personen zugeteilt werden und müssen dann im Wege einer an sich vermeidbaren Improvisation irgend jemandem, der bereits ausgelastet ist, als zusätzliche Aufgabe übertragen werden.

In einem zweiten Schritt gliedert man die erfaßten Einzeltätigkeiten in bestimmte Sachkomplexe, wie z. B. Tätigkeiten für die Teilsortimente Frischfleisch und Wurstwaren, Obst und Gemüse, Trockensortiment, Frischsortiment, Nonfood, sortimentsunabhängige Verwaltungstätigkeiten, wie Kassenabrechnung, Personaleinsatzplanung, Gehaltsabrechnun, Überwachungstätigkeiten, wie z. B. Kontrolle der Funktionsfähigkeit der Kühlmöbel, der Klimaanlage, Annahme der Warenlieferungen, soweit mehr als ein Teilsortiment davon berührt wird, usw.

Als Ergebnis dieser Gliederung von Einzeltätigkeiten nach Sortimentsteilen bzw. allgemeinen Verwaltungstätigkeiten erhält man bestimmte Veranwortungsbereiche, und zwar die Bereiche Frischfleisch und Wurstwaren, Obst und Gemüse, Trockensortiment, Frischsortiment, Nonfood, allgemeine Verwaltung.

In einem dritten Schritt wird die Leitung dieser Bereiche qualifizierten Kräften aus den Reihen des Verkaufspersonals übertragen. Die Verantwortungsbereiche müssen so angelegt sein, daß sie alle regelmäßig wiederkehrenden Entscheidungen umfassen, so z. B. die Disposition der Warenlieferungen, Regalbelegung, Auffüllen etc. Dem Chef obliegt es, zusammen mit den Leitern dieser Verantwortungsbereiche, die man auch als Abteilungs- oder Bereichsleiter bezeichnen könnte, generelle Richtlinien zu erarbeiten, nach denen die Abteilungsleiter im Einzelfall selbständig vorgehen können.

Solche Richtlinien beziehen sich z. B. auf das Dispositionswesen, wo Mindestbestände für die einzelnen Artikel festgelegt werden müssen, auf das Vorgehen bei der Personaleinsatzplanung etc.

Bei Problemen, die die festgelegte Richtlinienkompetenz überschreiten, empfiehlt es sich, sie gemeinsam durch den Chef und den jeweiligen Bereichsleiter lösen zu lassen; denn der Bereichsleiter ist nicht nur interessiert an der Bearbeitung von Routinefragen, sondern er möchte auch bei schwierigeren Fragen hinzugezogen werden. Daß darin auch ein Fortbildungseffekt zum Zuge kommt, sollte als positive Nebenwirkung nicht übersehen werden. Ein wichtiges Ergebnis dieser Schaffung von Verantwortungsbereichen besteht darin, daß die Führungsspitze des Geschäfts nicht mehr von einem einzigen Mann, Erwin Markus, gebildet wird, sondern daß sie nun eine Führungs*mannschaft* umfaßt, die den

II. Maßnahmen zur Lösung der Personalprobleme von Novo-Markt

Chef von allen Rortineangelegenheiten entlastet und ihm bei schwierigen Fragen aufgrund ihres Sachverstands beratend zur Seite stehen kann.

Die Führungsmannschaft setzt sich außer dem Unternehmer aus dem Verantwortlichen für allgemeine Verwaltung und den Sortimentsverantwortlichen zusammen. Damit die Funktionsfähigkeit des Teams auch bei Abwesenheit einzelner Mitglieder (z. B. infolge von Urlaub, Krankheit, arbeitsfreien Stunden) gewahrt bleibt, empfiehlt es sich, für jede Führungsstelle einen Vertreter zu ernennen, der im Falle der Abwesenheit eines Verantwortlichen dessen Aufgaben übernehmen kann. Vertreter des Chefs wird sinnvollerweise der Verantwortliche für die allgemeine Verwaltung (häufig als Substitut bezeichnet). Verantwortlicher und Vertreter dürfen nicht gleichzeitig abwesend sein. Die Regelung der Stellvertretung ermöglicht es Herrn Markus, endlich den seit langem verdienten Erholungsurlaub anzutreten.

Es kann allerdings nicht eindringlich genug davor gewarnt werden anzunehmen, daß dieses neue Führungssystem von Anfang an voll funktionieren würde. Diese Annahme ist mit Sicherheit verfehlt, weil sie nicht der Tatsache Rechnung trägt, daß die neu ernannten Abteilungsleiter erst in ihre Aufgaben hineinwachsen müssen. Dieser Prozeß des Lernens und Hineinwachsens erfordert Zeit und wird im vorliegenden Fall noch dadurch verzögert, daß Herr Markus bislang nur wenig Zutrauen in die Fähigkeiten seiner Mitarbeiter bewies. Er wäre überfordert, wenn er die Verantwortungsbereiche von heute auf morgen abgeben sollte. Es ist ihm vielmehr anzuraten, die Aufgaben behutsam, Schritt für Schritt, zu delegieren, so daß die Mitarbeiter genügend Zeit zum Lernen und er genügend Zeit zu seiner „inneren Umorientierung" gegenüber den Mitarbeitern und ihren sich erst an der konkreten Aufgabe entfaltenden Fähigkeiten erhalten.

Der größeren Klarheit wegen ist es erforderlich, die Aufgaben, die den Verantwortlichen übertragen werden, in der Form einer Stellenbeschreibung schiftlich festzulegen. Damit sonst leicht auftretende Mißverständnisse von vornherein ausgeschaltet bleiben, werden die Stellenbeschreibungen *gemeinsam* von Herrn Markus und dem jeweiligen Verantwortlichen erarbeitet.

Die schriftliche Fixierung der den Verantwortungsbereichen übertragenen Aufgaben bringt folgende Vorteile mit sich: Markus weiß genau, welche Aufgaben auf die Verantwortlichen entfallen und deshalb von ihm nicht mehr erledigt werden müssen. Die Verantwortlichen haben darüber Klarheit, wie weit sich ihr Aufgabengebiet erstreckt und was Herr Markus von ihnen verlangt. Weiterhin dient die Stellenbeschreibung als Leitlinie für die *Fortbildung* der Verantwortlichen und ihrer Stellvertreter; denn aus den Aufgaben gehen die Anforderungen hervor, die an die Fähigkeiten der jeweiligen Aufgabenträger gestellt werden müssen.

3. Personalfortbildung

Die Fortbildung der Verantwortlichen im Hinblick auf die ihnen übertragenen neuen Aufgaben kann am besten durch Markus selbst erfolgen; denn er weiß aus eigener Erfahrung besser als jeder andere, wie die verschiedenen Aufgaben durchgeführt werden müssen. Als Fortbildungsmethode empfiehlt sich die gemeinsame Ausführung der übertragenen Aufgaben, wobei es Herrn Markus gleichzeitig obliegt, dem jeweiligen Bereichsleiter in einem Fachgespräch deutlich zu machen, *warum* eine Aufgabe in einer bestimmten Art und Weise ausgeführt werden soll. Die allgemeine Erfahrung spricht dafür, daß man in diesen Fachgesprächen im Wege gemeinsamen Nachdenkens eine nicht geringe Zahl von Verbesserungsmöglichkeiten entdecken wird, ein zusätzlicher, mit dieser Fortbildungsmethode verbundener Vorteil. Immer dann, wenn es dem Chef nicht gelingt, überzeugende Argumente für ein bestimmtes Vorgehen vorzubringen, ist zu vermuten, daß die von ihm vorgeschlagene Lösung noch nicht optimal und deshalb verbesserungsbedürftig ist.

Wenn soeben darauf hingewiesen wurde, wie wichtig es sei, eine bestimmte Verfahrensweise in dem der Fortbildung dienenden Fachgespräch immer zu *begründen*, so steht hinter dieser Forderung eine pädagogische Überlegung: die Bereichsleiter sollen in einem vorgegebenen Rahmen *selbständige* Führungsentscheidungen treffen. Hierzu ist die Fähigkeit zu eigenständigem Denken Voraussetzung. Markus würde diese Fähigkeit jedoch unterdrücken, wenn er von den Mitgliedern seiner Führungsmannschaft das Auswendiglernen von ihm vorgegebener Rezepte verlangen würde, die immer nur unter ganz bestimmten Bedingungen zutreffen. Verändern sich diese, so erweisen sich die Rezepte zwangsläufig als unbrauchbar bzw. sogar als falsch. Wenn es Markus aber gelingt, die Gründe für ein bestimmtes Verhalten verständlich zu machen, dann ist zu erwarten, daß die Bereichsleiter auch bei veränderten Bedingungen noch richtige Entscheidungen finden, weil sie ihre Entscheidungen an den veränderten Bedingungen ausrichten.

Sobald es Erwin Markus gelungen ist, sich diese Führungsmannschaft heranzubilden, kann er auch einen großen Teil seiner Fortbildungsaktivität auf ihre Mitglieder übertragen. Wenn die Mannschaft erst einmal besteht, kann sie sich durch eigene Fortbildung weithin selbständig aus ihrem eigenen Potential über die Stellvertreter immer wieder regenerieren. Markus kann sich dann darauf beschränken, regelmäßig neue Impulse für die Fortbildung zu geben.

4. Befreiung der überwiegend weiblichen Mitarbeiter von körperlich anstrengenden Arbeiten

Markus hat als Arbeitgeber ein schlechtes Image. Sowohl bei seinen derzeitigen Mitarbeitern als auch bei den Einwohnern von Grünfeld gilt Novo-Markt als eine Unternehmung, in der man wohl hohe Gehälter bezieht, dafür aber viel und hart arbeiten muß. Außer von der langen Arbeitszeit wird dieses Image insbesondere von den körperlich anstrengenden Arbeiten geprägt, die die weiblichen Mitarbeiter im Zusammenhang mit den Warenanlieferungen zu verrichten haben. Das Tragen und Stapeln der schweren Kisten, Schachteln und sonstigen Gebinde, in denen die Waren geliefert werden, wird allgemein als zu anstrengend und damit als unfraulich angesehen.

Untersuchungen[23] haben ergeben, daß neben der Möglichkeit bzw. Notwendigkeit, Geld zu verdienen, die Kriterien „leichte, saubere Arbeit, Arbeit, die ein gepflegtes Äußeres zuläßt", die stärksten Motive sind, die bei der Durchschnittsfrau die Wahl der Tätigkeit im allgemeinen und des Arbeitsplatzes im besonderen bestimmen. Frauen wollen auch am Arbeitsplatz „Frau sein und Frau bleiben", ein Slogan, den große Industrieunternehmen sehr erfolgreich bei ihrer Personalwerbung verwenden. Sie ziehen deshalb solche Betriebe vor, in denen es ihnen auch während der Arbeit möglich ist, eine saubere Kleidung zu tragen, ihre Frisur, ihr Make-up in Ordnung und die Hände gepflegt zu halten und dergleichen mehr.

Für Markus ergibt sich daraus die wichtige Forderung, den Wünschen seiner Mitarbeiterinnen nach „fraulichen" Tätigkeiten Rechnung zu tragen, d. h. die von allen gehaßten und als zu schwer empfundenen Arbeiten, die bei den Warenanlieferungen bzw. Fuhrenentnahmen anfallen, männlichen Kräften zu übertragen. Das bedeutet, daß sich Markus um die Gewinnung einer männlichen Ganztagskraft bemühen muß, der vornehmlich die Verrichtung der schweren, körperlich anstrengenden Arbeiten obliegt. Eine andere, bessere Möglichkeit besteht darin, die Lieferanten zu veranlassen, ausschließlich zu bestimmten, vorher festgelegten Wochen- bzw. Tageszeiten ihre Warenlieferungen an Novo-Markt durchzuführen. Dies dürfte Markus einmal wegen der Umsatzstärke seines Betriebes und zum anderen aufgrund seiner Zugehörigkeit zur freiwilligen Kette „Novo" und der daraus resultierenden Beschränkung der Lieferantenzahl gelingen. In diesem Fall dürfte es nicht schwerfallen, für die Anlieferungszeiten männliche Aushilfs- oder Teilzeitkräfte zu gewinnen. Welchen Weg Markus auch immer beschreiten mag, die Entlastung seiner Mitarbeiterinnen von den körperlich anstrengenden Tätig-

---

[23] Vgl. z. B. *Berger*, R.: Verkäuferinnen- und Führungsnachwuchsprobleme bei Stüssgen, im Selbstverlag, München 1969.

keiten ist eine der vordringlichsten Aufgaben zur Verbesserung des Arbeitgeber-Image von Novo-Markt und darüber hinaus zur Erhaltung der vorhandenen und zur Gewinnung neuer Mitarbeiter.

5. Beschäftigung zusätzlicher Teilzeitkräfte

Das Personalproblem, das Markus so stark belastet, liegt hauptsächlich bei den vollbeschäftigten Mitarbeitern von Novo-Markt. Einmal weisen diese eine äußerst geringe Betriebsverbundenheit und demzufolge eine hohe Abwanderungsquote auf, zum anderen sind die Chancen der Gewinnung neuer, zusätzlicher Ganztagskräfte aus den bereits dargelegten Gründen sehr gering zu veranschlagen. Deshalb muß Markus versuchen, die ihm schon jetzt, insbesondere aber in der Zukunft, fehlenden Ganztagskräfte durch Teilzeitbeschäftigte zu ersetzen. Das zu lösende Problem lautet somit: Wie ist es Markus möglich, Teilzeitkräfte zu gewinnen, oder genauer, die in Grünfeld lebenden „Grünen Witwen" zu einer Teilzeitbeschäftigung bei Novo-Markt zu veranlassen?

Aufgrund der räumlichen Entfernung der Unternehmung von der City kommen als Teilzeitkräfte ohnehin nur Hausfrauen aus der näheren Umgebung, also aus Grünfeld, in Betracht.

Markus hat — wie bereits erwähnt — festgestellt, daß die jungen Hausfrauen in Grünfeld grundsätzlich an einer Teilzeitbeschäftigung stark interessiert sind. Der entscheidende Grund, weshalb sie dennoch keine Beschäftigung übernehmen können, liegt darin, daß es in Grünfeld keinen Kinderhort gibt, in den sie ihre Kinder während ihrer beruflichen Tätigkeit geben könnten. Gerade darin liegt die große Chance von Markus. Er muß — allein oder zusammen mit den anderen Einzelhandelsunternehmern von Grünfeld, die ja vor ähnlichen Problemen stehen — einen Kinderhort errichten. Sollte eine Einigung mit den Konkurrenten nicht zu erzielen sein, so könnte Markus — gewissermaßen als Übergangslösung — die Räume, die er bisher einigen seiner Mitarbeiter kostenlos zur Verfügung gestellt hat, vorübergehend in eine Art Kinderhort umgestalten. Die behördliche Genehmigung dürfte — wie Erfahrungen zeigen — bei der Dringlichkeit eines derartigen Projekts und dem daran bestehenden Allgemeininteresse ohne weiteres gewährt werden, sofern bestimmte Auflagen (z. B. Versicherung der Kinder, Beschäftigung einer ausgebildeten Kindergärtnerin etc.) erfüllt werden. Gleichgültig ob Markus die Errichtung des Kinderhorts allein oder zusammen mit anderen (z. B. Konkurrenten, gemeindlichen Institutionen) bzw. durch Gründung einer Interessengemeinschaft mit den Einwohnern verwirklicht, er kommt dadurch der Lösung seiner Probleme ein großes Stück näher. Denn einmal ist bei Bestehen eines Kindergartens das Teilzeitkräftereservoir von Grünfeld schier unerschöpflich; zum anderen ist mit der Realisierung

II. Maßnahmen zur Lösung der Personalprobleme von Novo-Markt

oder Anregung eines solchen Projektes ein Public Relations-Effekt verbunden, der wesentlich zur Verbesserung des schlechten Personalimage von Novo-Markt beitragen dürfte.

Unter diesem Aspekt sollte Markus die Relation zwischen Ganztags- und Teilzeitkräften, die in seinem Betrieb derzeit 16 : 7 beträgt, langfristig zugunsten der Teilzeitbeschäftigten verändern. Dafür spricht auch die Überlegung, daß Teilzeitkräfte nicht nur leichter zu gewinnen sind als Vollbeschäftigte, sondern gerade in Grünfeld, wo die Auswahl unter mehreren Arbeitsplätzen viel kleiner ist als etwa in der 18 km entfernten City, auch eine relativ geringe Fluktuationsquote aufweisen dürften. Außerdem kommt den Gründen, aus denen Hausfrauen im allgemeinen eine Teilzeitbeschäftigung übernehmen, gerade in Grünfeld besonderes Gewicht zu. Zwei der wichtigsten dieser Gründe[24] sind:

(1) Finanzielle Motive, also einmal die Notwendigkeit und zum anderen der Wunsch, etwas zum Einkommen des Ehemannes hinzuzuverdienen;

(2) viele Hausfrauen fühlen sich durch die Haushaltstätigkeit nicht ausgefüllt und streben deshalb eine berufliche Tätigkeit an, die sich mit ihren familiären Verpflichtungen verbinden läßt.

Beide Gründe dürften die Hausfrauen von Grünfeld nahezu gleich stark motivieren, eine Teilzeitbeschäftigung zu übernehmen; denn diese bietet ihnen nicht nur die Möglichkeit, zum Aufbau einer gesicherten wirtschaftlichen Basis für ihre Familie beizutragen und zugleich vom Haushaltsgeld ihrer Ehemänner etwas unabhängiger zu werden, sondern bringt auch willkommene Abwechslung in das in aller Regel recht eintönige Leben der sogenannten „Grünen Witwen".

Zahlreiche Einzelhandelsunternehmer, insbesondere jene, die jeglichen Veränderungen und neueren Entwicklungen grundsätzlich ablehnend gegenüberstehen, sehen in den Teilzeitkräften immer noch Mitarbeiter, die weder fachlich qualifiziert, noch am Betriebsgeschehen interessiert sind, noch die erforderlichen Minimalleistungen erbringen. Diese Auffassung hat sich in der überwiegenden Zahl der Betriebe, die Teilzeitkräfte beschäftigen, als falsch herausgestellt. Gerade die Teilzeitkräfte erweisen sich nach relativ kurzer Einarbeitungszeit erfahrungsgemäß als Mitarbeiter, die den Ganztagskräften sowohl bezüglich der Fähigkeiten als auch hinsichtlich des Betriebsinteresses und der Arbeitsleistungen zumindest ebenbürtig, häufig sogar überlegen sind. Unter diesem allgemeinen Aspekt, insbesondere auch im Hinblick auf die spezielle Situation von Novo-Markt, stellt die Errichtung einer Art Kindergarten für Markus eine der wesentlichsten langfristigen Maßnahmen zur Lösung seiner

---

[24] Vgl. *Berger*, R.: Verkäuferinnen- und Führungsnachwuchsprobleme..., a.a.O., S. 42.

C. Ansätze zu einer Lösung des gestellten Problems

Personalprobleme dar. Im Sinne des Personal*marketing* werden dadurch dringende Probleme der Mitarbeiter gelöst.

6. Personaleinsatz und Arbeitszeitregelung

Eine weitere Forderung, die an Markus im Rahmen einer langfristigen personalpolitischen Gesamtkonzeption zu stellen ist, lautet: Durchführung einer Personaleinsatzpolitik und direkt damit verbunden eine günstigere Gestaltung der Arbeits- und Freizeit seiner Mitarbeiter.

Mit der Personaleinsatzpolitik[25] strebt man einmal die wirtschaftliche Auslastung des im Betrieb vorhandenen Arbeitskräftepotentials, zum anderen eine Überbrückung der Diskrepanz zwischen durchschnittlicher wöchentlicher Ladenöffnungszeit (je nach Branche, Betriebstyp, Standort etc. zwischen 52 und 60 Stunden) und tariflich fixierter Arbeitszeit der Verkaufskräfte (z. Z. noch $42^{1}/_{2}$ Stunden) an. Gelingt es, diese beiden Ziele zu erreichen, so ergibt sich daraus zwangsläufig eine Arbeitszeitregelung, den den Freizeitbedürfnissen der Mitarbeiter weitgehend Rechnung trägt.

Die Hauptforderung der Personaleinsatzpolitik im Einzelhandel — auf ihre einfachste Form gebracht — lautet: In den Zeiten, in denen viele Kunden erwartet werden bzw. voraussichtlich ein hoher Umsatz getätigt wird, müssen auch viele Verkaufskräfte im Geschäft anwesend sein; in Zeiten geringeren Kundenandranges bzw. niedrigeren Umsatzes ist die Anwesenheit nur eines Teiles der Belegschaft erforderlich. Mit anderen Worten, es müssen immer so viele Mitarbeiter vorhanden sein, daß der jeweilige Arbeitsanfall gerade bewältigt werden kann.

Für Markus bedeutet die Erfüllung der gerade in seiner Situation so wichtigen Forderung, daß er sich zunächst darüber Klarheit verschafft, welcher Umsatz bzw. wieviele Kunden in den verschiedenen Zeiten am Tag, in der Woche und im Monat zu bewältigen sind. Markus muß sich diese Daten beschaffen, indem er über einen längeren Zeitraum (1 Jahr) die täglichen, wöchentlichen und monatlichen Umsatz- und Kundenbewegungen aufzeichnet, also in Form einer einfachen Statistik festhält. Darüber hinaus muß er durch eine größere Zahl von Augenblicksbeobachtungen (Multimoment-Verfahren) feststellen, wie lange ein Mitarbeiter zu den verschiedenen Tages- und Wochenzeiten im *Durchschnitt* benötigt, um einen Kunden zu bedienen bzw. 10,—, 50,— oder 100,— DM Umsatz zu erzielen.

---

[25] Vgl. dazu *Mies*, W.: Arbeitsrationalisierung im Verkauf, hrsg. von der Rationalisierungs-Gemeinschaft des Handels, Köln 1964. — *Barth*, K.: Grundlagen der Personaleinsatzplanung im Einzelhandel, in: Distributionswirtschaft, Festgabe zum 75. Geburtstag von R. Seyffert, hrsg. von E. Sundhoff, Köln und Opladen 1968, S. 199 - 220.

II. Maßnahmen zur Lösung der Personalprobleme von Novo-Markt

Liegen ihm diese Daten vor, so kann er durch einfache Division die zu den unterschiedlichen Zeiten jeweils benötigte Mitarbeiterzahl bestimmen. Dies sei an Hand eines kleinen Beispiels näher dargestellt:

Wir nehmen an, Markus möchte wissen, wieviele Kassen an einem direkt auf Ultimo folgenden Montag in Novo-Markt besetzt werden müssen. Aufgrund seiner Aufzeichnungen weiß er, daß sich an derartigen Montagen die Kunden in seinem Betrieb folgendermaßen (vgl. Tab. 1) über den Tagesverlauf verteilen:

Tabelle 1

Beispiel einer Kundenverteilung über den Tagesverlauf

Tageszeit	Zahl der Kunden
8 - 10 Uhr	200
10 - 12 Uhr	300
12 - 14 Uhr	100
14 - 16 Uhr	300
16 - 18.30 Uhr	500

Weiterhin hat er festgestellt, daß an einem auf Ultimo folgenden Montag eine mit normalen Fähigkeiten ausgestattete Kassenkraft für die Abfertigung eines Kunden im Durchschnitt folgende Zeit benötigt (vgl. Tab. 2):

Tabelle 2

Durchschnittlicher Zeitaufwand pro Kunde im Tagesablauf

Tageszeit	⌀ pro Kunde benötigte Zeit in Sek.	Zahl der Kunden	Gesamtzeit in Sek.	Gesamtzeit in Min. (aufgerundet)
8 - 10 Uhr	80	200	16 000	270
10 - 12 Uhr	90	300	27 000	450
12 - 14 Uhr	70	100	7 000	120
14 - 16 Uhr	90	300	27 000	450
16 - 18.30 Uhr	100	500	50 000	840

Die Zahl der in den einzelnen Tagesabschnitten zu besetzenden Kassen ergibt sich nunmehr aus der Division der benötigten Gesamtzeit in Minuten durch die zur Verfügung stehende Zeit (vgl. Tab. 3):

Diesem Beispiel zufolge müßte Markus an dem von uns betrachteten Montag von 8 - 10 Uhr 2 Kassen, von 10 - 12 Uhr 4 Kassen, von 12 - 14 Uhr 1 Kasse, von 14 - 16 Uhr 4 Kassen und von 16 - 18.30 Uhr 6 Kassen be-

C. Ansätze zu einer Lösung des gestellten Problems

Tabelle 3

Bestimmung der Anzahl der im Tagesverlauf zu besetzenden Kassen

Tageszeit	Benötigte Gesamtzeit in Min.	zur Verfügung stehende Zeit in Min.	Anzahl der zu besetzenden Kassen (auf-/abgerundet)
8 - 10 Uhr	270	120	2
10 - 12 Uhr	450	120	4
12 - 14 Uhr	120	120	1
14 - 16 Uhr	450	120	4
16 - 18.30 Uhr	840	150	6

setzen, um den jeweiligen Kundenandrang zu bewältigen. Zu dem gleichen Ergebnis kommt man, wenn man anstelle der für die Abfertigung eines Kunden benötigte Zeit die zur Erzielung von z. B. 100,— DM Umsatz erforderliche Zeit der Berechnung zugrunde legt.

Auf die gleiche Weise wie die Zahl der jeweils zu besetzenden Kassen kann Markus mit diesem einfachen Verfahren auch die Gesamtzahl der (in den einzelnen Abteilungen) jeweils benötigten Mitarbeiter ermitteln. Hat er diese Rechnung für die einzelnen Wochentage in den verschiedenen Monaten durchgeführt, so weiß er bereits längere Zeit im voraus, wieviele Mitarbeiter er in den verschiedenen Zeitabschnitten der einzelnen Wochentage benötigt.

Auf der Grundlage dieser Kenntnisse ist es ihm möglich, für längere Zeit im voraus einen Freizeitplan für seine Mitarbeiter aufzustellen, nach dem seine Verkaufs- und Kassenkräfte jeweils abwechselnd einige Stunden bzw. einen halben Tag frei bekommen, um persönliche Besorgungen zu erledigen, sich zusätzliche Erholung zu verschaffen oder dergleichen mehr. Diese Art vorzugehen, führt nicht nur zu einer besseren Freizeitregelung für die Mitarbeiter, sondern insbesondere zu einer Auslastung der Verkaufskräfte, die erheblich wirtschaftlicher ist als jene, nach der sämtliche Mitarbeiter zu jeder Zeit anwesend sein müssen, ob sie nun benötigt werden oder nicht.

Auch das zweite Ziel der Personaleinsatzpolitik, die Überbrückung der Diskrepanz zwischen durchschnittlicher Ladenöffnungszeit und tariflicher Arbeitszeit der Verkaufskräfte, kann Markus bei der Anzahl seiner Mitarbeiter, insbesondere dann, wenn er zusätzliche Teilzeitkräfte einstellt, erreichen. Dazu muß er sich einer Maßnahme bedienen, die seit einigen Jahren im Einzelhandel zum Teil recht erfolgreich durchgeführt wird. Es handelt sich dabei um die sog. rollierende 5-Tage-Woche.

Dabei wird die Belegschaft zunächst in fünf, zahlenmäßig möglichst gleich große Gruppen eingeteilt. Nach einem für ein Jahr im voraus fest-

II. Maßnahmen zur Lösung der Personalprobleme von Novo-Markt

gelegten Plan erhält jede der fünf Mitarbeitergruppen jeweils an einem anderen Wochentag einen freien Tag. Das „rollierende" Element bei diesem Verfahren liegt darin, daß beispielsweise die Mitarbeitergruppe A in der ersten Woche am Montag, in der zweiten Woche am Dienstag, ... in der fünften Woche am Freitag ihren freien Tag bekommt. Die Verkäufergruppe B beginnt der Regelung entsprechend am Dienstag mit ihrem freien Tag und „rolliert" — unter Ausschluß des Samstags — bis zum Montag in der fünften Woche. Verkäufergruppe C beginnt am Mittwoch, D am Donnerstag und E am Freitag. In der sechsten Woche fängt das Spiel von vorne an. Auf diese Weise erhält jeder Mitarbeiter einen Wochentag als freien Tag, ohne daß dadurch die jeweils verfügbare Verkäuferkapazität zu sehr verringert wird. Zur Verdeutlichung des dargestellten Verfahrens mag der in Tab. 4 wiedergegebene schematische Sechs-Wochen-Plan dienen:

Tabelle 4

Beispiel einer rollierenden 5-Tage-Woche

Zeitraum	Verkäufergruppe / Wochentage				
	Mo	Di	Mi	Do	Fr
1. Woche	A	B	C	D	E
2. Woche	E	A	B	C	D
3. Woche	D	E	A	B	C
4. Woche	C	D	E	A	B
5. Woche	B	C	D	E	A
6. Woche	A	B	C	D	E

Dieses Verfahren kann beliebig abgewandelt werden, z. B. dadurch, daß man nicht nur den Samstag als „gesperrten", also grundsätzlich nicht in das System einzubeziehenden Tag festlegt, sondern auch noch den Freitag oder den Montag und dadurch zu einer rollierenden 4-Tage-Woche kommt.

Gerade für die Mitarbeiter von Markus würde die Einführung dieses Systems einen wesentlichen Fortschritt bedeuten, da sie aufgrund der großen Entfernung von Novo-Markt zur City bislang keine Möglichkeit hatten, persönliche Besorgungen zu erledigen. Die Folge davon war eine relativ hohe Zahl von „Ein-Tages-Erkrankungen".

Die Bedeutung einer durch Anwendung des geschilderten Verfahrens ermöglichten günstigeren Arbeitszeitregelung für den Einzelhandel im allgemeinen wird auch durch die Ergebnisse der schon mehrfach erwähnten Untersuchung[26] unterstrichen. Danach ist den meisten der im Einzel-

---

[26] Vgl. *Berger*, R.: Verkäuferinnen- und Führungsnachwuchsprobleme..., a.a.O., S. 83 ff.

handel Beschäftigten die *absolute* Arbeitszeit nicht zu lang. Ihre Kritik richtet sich hauptsächlich auf die *ungünstige Verteilung* dieser Zeit, insbesondere auf den Samstag, den späten Freitagabend und das Fehlen eines freien Wochentages. Gerade der Samstag ist deshalb ein großes Problem, weil die Mitarbeiter wegen der langen Aufräumungsarbeiten meist nicht vor 15.00 Uhr nach Hause kommen (der „lange" Samstag steht in diesem Zusammenhang ohnehin nicht zur Debatte). Damit ist auch der Nachmittag für eine sinnvolle Freizeitgestaltung nur noch bedingt geeignet.

Überträgt man diese Situation auf Novo-Markt, so hätte Markus — unter Berücksichtigung der speziellen Verhältnisse in Grünfeld — ohne weiteres die Möglichkeit, sein Geschäft an Samstagen schon um 11.00 Uhr oder 11.30 Uhr zu schließen. Er selbst ist sogar davon überzeugt, daß er bei völliger Schließung des Betriebes an Samstagen — nach einer gewissen Anlaufzeit — „keine Mark Umsatz verlieren würde". Bei zusätzlicher Beschäftigung mehrerer Teilzeitkräfte könnte er auch für den Freitagabend eine Regelung finden, nach der — jede Woche abwechselnd — einige Mitarbeiter etwas früher nach Hause kommen.

Das System der rollierenden 5- oder 4-Tage-Woche erscheint in manchen Betrieben als zu starr. Die einzelnen Mitarbeiter werden dadurch an die Freizeitregelung ihrer Gruppe gebunden und müssen ihre privaten Vorhaben dieser Regelung anpassen; eine Alternative hierzu bietet ein System, das es in stärkerem Maße als alle anderen gestattet, daß die privaten Absichten umgekehrt — im Rahmen des Möglichen — die betriebliche Freizeitregelung bestimmen. Im Sinne des Personalmarketing ist ein solches System optimal, weil es dem einzelnen Mitarbeiter die weiteste Gestaltungsfreiheit für seine Freizeit bietet.

Praktisch stellt ein solches System eine Weiterentwicklung der von der erwarteten Kundenzahl bzw. vom voraussichtlichen Umsatz in einer Zeitspanne abhängigen Personaleinsatzregelung dar. Man bittet die Mitarbeiter, ihre Freizeitwünsche im voraus anzugeben. Dabei zeigt sich zumeist, daß diese sich keineswegs an bestimmten Tagen oder Stunden eines Tages zusammenballen, sondern sich im großen und ganzen, von gewissen Schwerpunkten abgesehen, gleichmäßig über die Woche verteilen. Soweit sich die einzelnen Freizeitwünsche mit der jeweils erforderlichen Mindestbesetzung des Betriebes in Übereinstimmung bringen lassen, werden sie unverändert in die Personaleinsatzplanung übernommen. Nur dort, wo eine Abstimmung unmöglich ist, bittet man die Mitarbeiter um eine Umdisposition in ihren Freizeitwünschen. In diesen Fällen besteht das Problem häufig darin, daß die Wünsche mehrerer Mitarbeiter sich auf denselben Zeitraum erstrecken. Hier empfiehlt es sich fast immer, eine Einigung durch die Mitarbeiter selbst herbeiführen zu lassen. Der Betrieb braucht bei diesem Abstimmungsprozeß der Mitarbeiter nur mit-

II. Maßnahmen zur Lösung der Personalprobleme von Novo-Markt

zuwirken, wenn seine eigenen Interessen tatsächlich gefährdet sind. Ein solches sehr flexibles System der Personaleinsatz- und Freizeitregelung bringt den Vorteil mit sich, daß die Mitarbeiter selbst in großem Maße an seiner Praktizierung beteiligt sein können. Sie empfinden solche Regelungen nicht als ihnen von dritter Seite auferlegten Zwang, sondern als eine Vereinbarung, die sie untereinander und mit dem Betrieb getroffen haben. Es bedarf keiner Erwähnung, daß diese flexiblen Systeme das Vorhandensein von genügend Teilzeit- und Aushilfskräften voraussetzen.

Insgesamt gesehen stellen die Durchführung der Personaleinsatzpolitik in der dargestellten Form und die dadurch ermöglichte Verbesserung der Arbeitszeitregelung Maßnahmen von großer Wichtigkeit für Markus dar, da seine Mitarbeiter mit der geltenden Personaleinsatz- und Freizeitregelung sehr unzufrieden sind.

7. Lohnpolitik

Die von Markus betriebene Lohnpolitik gibt in dreifacher Hinsicht Anlaß zur Kritik:

(1) Das Fehlen einer gesonderten Abrechnung geleisteter Überstunden.

(2) Das Fehlen einer Gehaltsstaffelung nach Maßgabe der Schwierigkeit der zu verrichtenden Tätigkeiten.

(3) Die ausschließliche Gewährung fixer Gehälter.

Die Tatsache, daß die von den Mitarbeitern zu leistenden Überstunden bei Novo-Markt nicht gesondert abgerechnet werden, führt — wie schon an anderer Stelle betont — dazu, daß die Mitarbeiter im Laufe der Zeit die Überstunden als eine Leistung „erleben", für die der Betrieb keine Gegenleistung bietet. Dieses negative Erlebnis wird noch dadurch verstärkt, daß die Teilzeitkräfte zwar den gleichen Gehaltssatz bekommen wie die Ganztagskräfte, zur Leistung von Überstunden jedoch nicht verpflichtet sind.

Um die daraus erwachsende Unzufriedenheit seiner Mitarbeiter abzubauen, muß Markus — ungeachtet der dabei entstehenden arbeitsmäßigen Mehrbelastung — diejenigen Überstunden, die sich auch durch die neue Freizeitregelung in Verbindung mit der Personaleinsatzplanung nicht umgehen lassen, in jedem Fall gesondert abrechnen und entlohnen.

Als weitere wesentliche Ursache für die Unzufriedenheit der Mitarbeiter von Novo-Markt ist die Tatsache anzusehen, daß Markus die Gehälter nicht nach Maßgabe der Anforderungen, die die verschiedenen Tätigkeiten an seine Mitarbeiter stellen, differenziert bzw. staffelt. Vielmehr legt er die Höhe der Gehälter entweder nach der Tragfähigkeit der verschiedenen Abteilungen (vgl. z. B. Frischfleischabteilung) oder nach der Bedeutung, die er seinen einzelnen Mitarbeitern rein subjektiv zumißt (vg. Erster Verkäufer, Erste Verkäuferin etc.), fest. Mit anderen Worten, Markus bedient sich bei der Festsetzung der jeweiligen Gehaltshöhe immer noch der weitverbreiteten Methode des „Über-den-Daumen-Peilens"; daß zahlreiche Mitarbeiter eine solche Gehaltspolitik als ungerecht empfinden, bedarf wohl keiner weiteren Erläuterung. Markus muß deshalb dazu übergehen, die Gehälter nach Maßgabe der Schwierigkeit der von den einzelnen zu bewältigenden Aufgabenbereiche zu bemessen und sie damit anforderungsgerecht festzulegen.

Um die Schwierigkeit der verschiedenen Aufgabenbereiche zu erfassen, bedient man sich, wie bereits erwähnt, des Verfahrens der Arbeitsbewertung. Zur Verdeutlichung mag das folgende, in Tab. 5 wiedergegebene Beispiel[27] dienen:

Wie aus Tabelle 5 zu ersehen ist, werden die Anforderungen, die die einzelnen Aufgabenbereiche (in diesem Beispiel I bis IV) an die Mitarbeiter stellen, in die Hauptanforderungsarten „Umwelteinflüsse", „geistige und körperliche Belastung", „Verantwortung" und „Können" aufgeteilt. Daran anschließend wird jede Hauptanforderungsart in jeweils vier Untermerkmale gegliedert, zum Beispiel die Verantwortung in Verantwortung für Inventar und Ware, für den Arbeitsablauf, für Geld und für den äußeren Eindruck des Geschäftes.

Nunmehr müssen die vier Hauptanforderungsarten gewichtet werden, und zwar entsprechend der Bedeutung, die ihnen im Einzelfall zugemessen wird. Diese Gewichtung ist in erster Linie eine politische Entscheidung der Geschäftsleitung, die von Betrieb zu Betrieb unterschiedlich ausfallen wird. In unserem Beispiel wurden die Umwelteinflüsse mit 15 %, die geistige und körperliche Belastung mit 20 %, die Verantwortung mit 30 % und das Können mit 35 % gewichtet.

In einem weiteren Schritt muß nun die Höhe der Beanspruchung festgelegt werden, die von den einzelnen Untermerkmalen an die in den verschiedenen Aufgabenbereichen tätigen Mitarbeiter gestellt wird. Dieser Bewertung wird in aller Regel folgende Beanspruchungsskala zugrunde gelegt:

Keine	Beanspruchung	=	0 Punkte
geringe	Beanspruchung	=	1 Punkt
mittlere	Beanspruchung	=	2 Punkte
hohe	Beanspruchung	=	3 Punkte
sehr hohe	Beanspruchung	=	4 Punkte

---

[27] Vgl. dazu *Ludwig*, W. F.: Prämienentlohnung im Einzelhandel, dargestellt am Beispiel der Filialergebnis-Prämie, hrsg. vom Institut für Selbstbedienung, Köln 1966.

Tabelle 5
Beispiel einer Arbeitsbewertung in einem SB-Geschäft

Hauptanforderungsart mit Gewichtung	Untergruppen	Aufgabenbereich I. Punkte absol.	gewicht.	Aufgabenbereich II. Punkte absol.	gewicht.	Aufgabenbereich III. Punkte absol.	gewicht.	Aufgabenbereich IV. Punkte absol.	gewicht.
Umwelteinflüsse 15 %	a) Temperatur, Nässe, Erkältung b) Schmutz, Staub c) Lärm, Licht d) Unfallgefahr	2 2 2 2 $\overline{8}$	120	3 1 2 2 $\overline{8}$	120	3 3 2 2 $\overline{10}$	150	2 2 2 2 $\overline{8}$	120
Geistige und körperliche Belastung 20 %	a) Nachdenken b) Aufmerksamkeit, Sinne, Nerven c) vorwiegend muskelmäßige Belastung d) Verkaufsbereitschaft	2 3 3 3 $\overline{11}$	220	2 4 3 4 $\overline{13}$	260	2 2 3 3 $\overline{10}$	200	1 1 3 1 $\overline{6}$	120
Verantwortung 30 %	a) für Inventar und Ware b) für Arbeitsablauf c) für Geld d) für äußeren Eindruck des Betriebes	4 3 3 3 $\overline{13}$	390	1 3 4 1 $\overline{9}$	270	2 1 — 2 $\overline{5}$	150	2 1 — 2 $\overline{5}$	150
Können 35 %	a) vorwiegend geistiges Können b) Kontaktfähigkeit gegenüber Kundschaft c) Führung von Mitarbeitern d) manuelle Geschicklichkeit	3 3 3 3 $\overline{12}$	420	2 4 2 2 $\overline{10}$	350	2 3 2 3 $\overline{10}$	350	1 2 2 1 $\overline{6}$	210
Ergebnis			1150		1000		850		600

C. Ansätze zu einer Lösung des gestellten Problems

Aufgrund dieser Skala werden die einzelnen Anforderungsarten (Untermerkmale) in den verschiedenen Aufgabenbereichen bewertet. So wurden in unserem Beispiel für den Aufgabenbereich I die Verantwortung für Inventar und Ware mit 4 Punkten (Höchstpunktzahl), die Verantwortung für den Arbeitsablauf mit 3 Punkten, die Verantwortung für Geld mit 3 Punkten und die Verantwortung für den äußeren Eindruck des Betriebes ebenfalls mit 3 Punkten bewertet.

Sind nun sämtliche Untermerkmale für die verschiedenen Aufgabenbereiche auf diese Weise bewertet, so werden die vergebenen Punkte je Hauptanforderungsart addiert und mit dem Gewicht der betreffenden Hauptanforderungsart multipliziert. In dem angeführten Beispiel beträgt die Summe der für Aufgabenbereich II innerhalb der Hauptanforderungsart Können vergebenen Punkte 10. Die Hauptanforderungsart Können selbst wurde mit 35 % gewichtet, so daß sich eine gewichtete Punktzahl von $10 \cdot 35 = 350$ ergibt. Addiert man nun die auf diese Weise ermittelten gewichteten Punktzahlen innerhalb der verschiedenen Aufgabenbereiche, so erhält man für jeden Aufgabenbereich eine Gesamtpunktzahl. Diese Gesamtpunktzahlen stellen die sog. Arbeitswerte der verschiedenen Aufgabenbereiche dar.

In dem gewählten Beispiel ergeben sich dabei folgende Arbeitswerte:

Aufgabenbereich	Arbeitswert (in Punkten)
I	1 150
II	1 000
III	850
IV	600
	3 600

Diese Arbeitswerte stellen ein geeignetes Mittel zur Bestimmung und Differenzierung der Fixgehälter dar. Für die Umwandlung der jeweiligen Arbeitswertpunktzahlen in Geldbeträge stehen mehrere Methoden zur Verfügung, auf die hier jedoch nicht im einzelnen eingegangen werden soll. Vielmehr genügt es, den dabei grundsätzlich einzuschlagenden Weg zu skizzieren.

Zunächst sind alle mit Hilfe der Arbeitsbewertung ermittelten Punktzahlen entsprechend ihrer Höhe in eine Reihenfolge zu bringen. Daraufhin ist der sog. Geldfaktor, also der Lohnbetrag pro Arbeitswertpunkt, zu bestimmen, aus dessen Multiplikation mit jeder einzelnen Punktzahl sich das jeweilige dem Schwierigkeitsgrad der betreffenden Arbeit entsprechende Fixgehalt ergibt. Die Höhe des Geldfaktors hängt vom angestrebten Ausmaß der Staffelung der Fixgehälter ab. Je höher nämlich der Geldfaktor angesetzt wird, desto stärker ist die erzielte Gehalts-

II. Maßnahmen zur Lösung der Personalprobleme von Novo-Markt

differenzierung. Die völlig freie Bestimmung des Geldfaktors wird jedoch einerseits durch die Höhe der Tarifgehälter (= Mindestgehälter, die nicht unterschritten werden dürfen), andererseits durch die Lohnsumme begrenzt, die der Unternehmer insgesamt in einem Monat zu zahlen bereit und in der Lage ist. Bei Markus ist dies die Lohnsumme, die sich ergibt, wenn er von der bisher bezahlten monatlichen Bruttolohnsumme die Vergütung für die Überstunden abzieht. Das setzt voraus, daß Markus zuvor errechnet, wie hoch der Anteil der Überstundenvergütung am Gesamtgehalt der Mitarbeiter ist, die regelmäßig Überstunden leisten. Markus errechnet somit den Geldfaktor am einfachsten, indem er die bisher in einem Monat gezahlte, jedoch um die Überstundenvergütung gekürzte Bruttolohnsumme durch die Gesamtzahl der ermittelten Arbeitswertpunkte dividiert. Wie er bei der Bestimmung der Fixgehälter auf der Grundlage der Arbeitswerte vorzugehen hat, mag folgendes Beispiel verdeutlichen:

Wir gehen dabei — der einfacheren Rechnung wegen — von 20 Mitarbeitern und einer monatlich zu zahlenden Bruttolohnsumme von 25 000 DM aus. Für die Zwecke der Arbeitsbewertung (vgl. Tabelle 5, S. 75) und Gehaltsermittlung unterscheiden wir vier Aufgabenbereiche. Die (beispielhaft angenommene) Verteilung der Mitarbeiter auf die Aufgabenbereiche, die Punktzahlen (Arbeitswerte) der einzelnen Aufgabenbereiche und die zu zahlenden Fixgehälter sind der Übersicht in Tabelle 6 zu entnehmen.

Tabelle 6

Beispiel zur Bestimmung der Grundgehälter in Novo-Markt auf der Basis der Arbeitsbewertung

Aufgabenbereich	Besetzung mit Beschäftigten	Punktzahl je Aufgabenbereich	Punktzahl gesamt	Grundgehälter in DM	Summe der Grundgehälter pro Monat in DM
I	4	1150	4600	1725,—	6 900,—
II	3	1000	3000	1500,—	4 500,—
III	5	850	4250	1275,—	6 375,—
IV	8	600	4800	900,—	7 200,—
	20		16650		24 975,—

$$\text{Geldfaktor} = \frac{25\,000}{16\,650} = 1{,}50 \text{ (DM)}$$

In dem angeführten, absichtlich einfach gehaltenen, Beispiel ergibt sich ein Geldfaktor von 1,50 (DM). Die in den Aufgabenbereichen I - IV zu zahlenden Grundgehälter stellen sich als die Produkte aus dem Geldfaktor und den für die einzelnen Tätigkeitsbereiche ermittelten Arbeitswerten (Punktzahlen) dar.

Geht Markus bei der Bestimmung der Grundgehälter in der — hier beispielhaft — geschilderten Weise vor, so dürfte er damit einen wesentlichen Beitrag zur Steigerung der Zufriedenheit seiner Mitarbeiter leisten. Denn die vorgeschlagene Differenzierung der Gehälter nach der Höhe der Anforderungen, die die verschiedenen Aufgabenbereiche an die Beschäftigten stellen, bedeutet eine gerechtere Entlohnung insofern, als diejenigen Mitarbeiter, die die schwierigen Tätigkeiten zu verrichten haben und damit tendenziell auch den größeren Anstrengungen ausgesetzt sind, einen höheren Anteil an der monatlichen Gesamtsumme erhalten als diejenigen, die relativ leichtere Aufgaben zu erfüllen haben.

Neben dem Fehlen einer gesonderten Abrechnung und Vergütung der Überstunden sowie dem willkürlichen und unzulänglichen Vorgehen bei der Festlegung der Gehälter bietet auch die Tatsache Anlaß zur Kritik, daß Markus ausschließlich fixe Gehälter bezahlt. Ein Gehalt, das unabhängig von der erbrachten Leistung bzw. der jeweiligen Anstrengung immer gleich hoch ist, verliert aus zwei Gründen seine leistungsmotivierende und betriebsverbindende Wirkung:

Einmal betrachten — wie bereits erwähnt — die Mitarbeiter das Fixum im Laufe der Zeit als eine feste Institution, die ihnen in jedem Falle, weitgehend unabhängig von ihrem Einsatz und ihrer Leistung, zusteht. Dieser Gewöhnungseffekt führt somit zu einer gedanklichen Loslösung des Gehalts von seiner Grundlage, der Leistung. Zum anderen fühlen sich die einsatz- und leistungsfreudigen Mitarbeiter dadurch nicht genügend anerkannt, ja ungerecht behandelt, daß die weniger leistungswilligen das gleiche Gehalt bekommen. Darin liegt häufig eine der wichtigsten Ursachen für eine negative Personalauslese, also ein Abwandern gerade der qualifizierten Kräfte (vgl. die hohe Fluktuation bei Novo-Markt).

Aus diesen Gründen sollte Markus ein variables Entlohnungssystem, also ein Art Leistungslohn, einführen. Die Gewährung von reinem Leistungslohn ist dabei nicht möglich, weil bei der Selbstbedienung eine direkte Beziehung zwischen Mitarbeiterleistung und Verkaufserfolg nicht hergestellt werden kann. Deshalb ist Markus die Einführung eines Erfolgslohnes, also einer Kombination aus Erfolgsbeteiligung und Prämienlohn, vorzuschlagen.

In der Regel verfolgt man mit der Gewährung von Leistungs- oder Erfolgslöhnen das Ziel, die Mitarbeiterleistung in quantitativer bzw. qualitativer Hinsicht zu steigern. Für Markus hingegen sollte dieses Ziel wegen der ohnehin schon sehr hohen Personalleistung von Novo-Markt

II. Maßnahmen zur Lösung der Personalprobleme von Novo-Markt

(vgl. Ziffer 1 der Anlage II) nicht im Vordergrund stehen. Sein Problem liegt vielmehr in der Gewinnung neuer qualifizierter Kräfte und in der Erhaltung seiner vorhandenen Mitarbeiter, also in der Verminderung der bei Novo-Markt herrschenden Fluktuation. Aus diesem Grunde muß er für den Erfolgslohn eine Bemessungsbasis[28] wählen, die den Aspekt der Leistungssteigerung nicht in den Vordergrund rückt. Ungeachtet zahlreicher anderer Lösungsmöglichkeiten könnte Markus bei der Einführung des Erfolgslohnes folgendermaßen vorgehen:

Zunächst muß er die Bemessungsbasis des Erfolgslohnes festlegen und den Prämienverlauf bestimmen. Als Bemessungsgrundlage dient im Fall Markus zweckmäßigerweise das monatliche Umsatzergebnis, da es einmal recht einfach zu ermitteln ist und zum anderen — gerade bei der Selbstbedienung — die Leistung des einzelnen Mitarbeiters nicht zu sehr betont. Den Prämienverlauf könnte Markus etwa folgendermaßen festlegen (vgl. Tab. 7)[29]:

Tabelle 7

Mögliche Festlegung des Prämienverlaufs in Novo-Markt

Umsatz Juli 1971 in DM	Erfolgsprämie in % vom Umsatz	Erfolgsprämie in DM
400 000,—	0,8 %	3 200,—
420 000,—	0,9 %	3 780,—
440 000,—	1,0 %	4 400,—
460 000,—	1,0 %	4 600,—
480 000,—	1,0 %	4 800,—

Wenn im Juli 1971 ein Umsatz von 420 000,— DM erzielt wird, so ergibt sich bei dem zugrunde gelegten Prämienverlauf eine Erfolgsprämie von 3780,— DM, aufgerundet 3800,— DM.

Diese im Juli 1971 anfallende Erfolgsprämie von 3800,— DM muß nun auf die einzelnen Mitarbeiter verteilt werden. Wenn man — der einfacheren Rechnung wegen — wiederum annimmt, daß 20 Mitarbeiter in das System des Erfolgslohnes einbezogen werden sollen, so würde bei einer gleichmäßigen Verteilung der Erfolgsprämie jeder 190,— DM erhalten. Da jedoch nicht jeder Mitarbeiter einen gleich großen Beitrag zur Entstehung des Umsatzergebnisses von 420 000,— DM im Monat Juli leistet, ist eine gleichmäßige Verteilung der Prämien auf alle Verkaufs-

---

[28] Vgl. dazu *Schnellinger*, F.: Die Messung der Verkäuferleistung als Voraussetzung einer Leistungsentlohnung im Handel, in: Der Markt, Nr. 28, 1968, S. 72 - 78.

[29] Grundsätzlich kann natürlich auch ein anderer (linearer, progressiver, degressiver) Prämienverlauf festgelegt werden.

kräfte ungerecht und unzweckmäßig. Der Prämienbetrag müßte also auf die Mitarbeiter entsprechend ihren individuellen Leistungen verteilt werden. Weil es aber bei der Verkaufsform der Selbstbedienung nicht möglich ist, die Leistungsbeiträge der einzelnen Verkaufskräfte genau zu erfassen, zieht man zur Verteilung der Erfolgsprämie einen Hilfsmaßstab heran, nämlich die *Schwierigkeit* der von den einzelnen zu bewältigenden Aufgabenbereiche.

Da jedoch die vorgeschlagene Bestimmung der Fixgehälter entsprechend der Höhe der Anforderungen, die die verschiedenen Aufgabenbereiche an die Mitarbeiter stellen, die jeweilige Arbeitsschwierigkeit bereits in der Höhe der fixen Grundgehälter zum Ausdruck bringt, genügt es, die Erfolgsprämie nach Maßgabe der Grundgehälter auf die Mitarbeiter zu verteilen. Danach bekommen diejenigen Beschäftigten, die aufgrund des hohen Schwierigkeitsgrades der von ihnen zu verrichtenden Arbeiten die höchsten Fixgehälter beziehen, auch den größten Anteil an der Erfolgsprämie.

Wie Markus bei der Verteilung der Erfolgsprämie nach der Höhe der fixen Grundgehälter vorgehen kann, soll folgendes Beispiel zeigen:

Wir gehen wiederum davon aus, daß Markus monatlich eine Gesamtsumme von 25 000,— DM an Fixgehältern zahlt.

Die Aufteilung der Erfolgsprämie von 3800,— DM auf die einzelnen Mitarbeiter ist der Übersicht in Tabelle 8 zu entnehmen.

Tabelle 8

Verteilung einer Erfolgsprämie von 3800,— DM nach Maßgabe der Höhe der fixen Grundgehälter

Aufgabenbereich	Zahl der Mitarbeiter	Grundgehalt je Mitarbeiter in DM	Grundgehalt je Mitarbeiter in % der Bruttolohnsumme (25 000,— DM)	Anteil eines Mitarbeiters an der Erfolgsprämie in %	in DM	Gesamtprämie je Aufgabenbereich in DM (aufgerundet)
I	4	1 725,—	6,9	6,9	262,—	1 050,—
II	3	1 500,—	6,0	6,0	228,—	684,—
III	5	1 275,—	5,1	5,1	194,—	970,—
IV	8	900,—	3,6	3,6	137,—	1 096,—
	20					3 800,—

Nach dieser Prämienverteilung erhält jeder Mitarbeiter zusätzlich zu seinem Grundgehalt den Teil der Gesamtprämie, der dem prozentualen Anteil seines fixen Grundgehalts an der monatlichen Bruttolohnsumme (in diesem Beispiel 25 000,— DM) entspricht.

II. Maßnahmen zur Lösung der Personalprobleme von Novo-Markt

In dieses Entlohnungssystem sind selbstverständlich auch die neu zu schaffenden Abteilungs- oder Bereichsleiter[30] einzubeziehen. Sie erhalten bei der Arbeitsbewertung aufgrund der hohen Anforderungen ihrer Tätigkeiten, insbesondere in den Anforderungsarten „geistige und körperliche Belastung", „Verantwortung" und „Können", höhere Punktzahlen und damit auch einen erheblich höheren Arbeitswert als die übrigen Mitarbeiter. Da in dem dargestellten Entlohnungsverfahren die einzelnen Arbeitswerte als Grundlage für die Bestimmung der Fixgehälter und über diese als Schlüssel zur Verteilung der Gesamtprämie verwendet werden, schlägt sich die vergleichsweise schwierigere und verantwortungsvollere Tätigkeit der Bereichsleiter unmittelbar in der Höhe ihres Gehalts nieder.

Darüber hinaus besteht die Möglichkeit, die Erfüllung mitunternehmerischer Aufgaben durch die Abteilungsleiter zusätzlich in Form einer Gewinnbeteiligung zu honorieren. Indem die Bereichsleiter nämlich innerhalb eines vorgegebenen Rahmens selbständige Führungsentscheidungen treffen, die sich sowohl auf den Umsatz als auch auf die Kosten auswirken, beeinflussen sie unmittelbar Entstehung und Höhe des Gewinns. Deshalb sollten sie auch an dem tatsächlich erzielten Unternehmungsgewinn in angemessener Weise beteiligt werden. Dabei kann ihnen ihr — entweder jährlich aufgrund des Jahresabschlusses oder vierteljährlich mit Hilfe der kurzfristigen Erfolgsrechnung ermittelter — Gewinnanteil bar ausbezahlt werden.

Markus kann seinen Abteilungsleitern jedoch auch die Möglichkeit einräumen, ihren Gewinnanteil in die Unternehmung zu investieren, um auf diese Weise ein Miteigentum an Novo-Markt zu erwerben. Bei dieser zweiten Regelung müssen jedoch klare vertragliche Vereinbarungen darüber getroffen werden, bis zu welcher Höhe der Miteigentumsanteil der Bereichsleiter maximal anwachsen darf und was im Falle des Ausscheidens eines Abteilungsleiters aus dem Betrieb mit seinem Anteil geschehen soll. Insbesondere in dieser zweiten, intensiven Form stellt die Gewinnbeteiligung ein Mittel dar, die Bereichsleiter am Betriebsgeschehen zu interessieren und langfristig an die Unternehmung zu binden.

Für Markus hätte die Einführung einer Prämienentlohnung in der geschilderten Form vor allem folgende Auswirkungen: Einmal entfiele der schon angeführte negative Gewöhnungseffekt, der sich daraus ergibt, daß die Mitarbeiter stets das gleiche Gehalt — ohne Rücksicht auf den tatsächlichen Arbeitsanfall — beziehen. Denn bei der vorgeschlagenen Regelung wechselt die Höhe der Prämie und damit des Gesamtgehalts von Monat zu Monat. Zum anderen führt die vorgeschlagene Prämienverteilung zu einer gerechteren Entlohnung, da diejenigen Mitarbeiter,

---

[30] Vgl. S. 62 ff.

die die schwierigeren Tätigkeiten zu verrichten haben, nicht nur ein höheres Grundgehalt, sondern auch einen größeren Anteil an der Gesamtprämie erhalten als diejenigen, die verhältnismäßig leichtere Aufgaben zu erfüllen haben.

Darüber hinaus kann mit der dargelegten Form der Prämienverteilung auch ein Beitrag zur Entspannung des Verhältnisses zwischen Ganztags- und Teilzeitkräften geleistet werden. Da die Halbtagskraft — bei gleichem Schwierigkeitsgrad der zu verrichtenden Tätigkeit — naturgemäß nur die Hälfte der Prämie einer Ganztagskraft erhält, wird der absolute Verdienstunterschied zwischen Ganztags- und Teilzeitkraft erhöht. Dies wiederum kann zu einer größeren Zufriedenheit der Ganztagskräfte führen. Schließlich bewirkt die Bindung der Prämie an den Umsatz eine gewisse „Variabilisierung" der Lohnkosten. In Monaten mit niedrigem Umsatz sind die Lohnkosten eines Mitarbeiters ebenfalls niedriger und umgekehrt.

Das dargestellte Verfahren zur Bestimmung der Grundgehälter und zur Verteilung der Erfolgsprämie mag auf den ersten Blick schwer verständlich, umständlich und arbeitsintensiv erscheinen. Dies trifft indes nicht zu. Denn die Bewertung der Aufgabenbereiche nach Maßgabe ihrer Schwierigkeit, also die Ermittlung der Arbeitswerte, braucht nur einmal durchgeführt zu werden und hat dann so lange Gültigkeit, wie keine größeren Veränderungen in der Arbeitsverteilung und im Arbeitsablauf vorgenommen werden. Insofern ist der Arbeitsaufwand relativ gering. Was die Verständlichkeit des Systems, insbesondere für die Mitarbeiter, betrifft, so gilt, daß es den Mitarbeitern richtig erklärt werden muß, oder noch besser, daß die Arbeitsbewertung unter Mitarbeit der Verkaufskräfte, zumindest aber der Bereichsleiter oder einer Mitarbeiterkommission, durchgeführt werden sollte. Denn zum einen erweisen sich die Mitarbeiter meist als verständiger und intelligenter, als Markus annimmt, zum anderen können sie wertvolle Hilfe bei der Bewertung der Aufgabenbereiche leisten, da sie in der Regel recht zutreffende Vorstellungen von den Schwierigkeiten der einzelnen Tätigkeiten haben. Schließlich, und das dürfte das wichtigste Motiv für die Hinzuziehung der Mitarbeiter bei der Arbeitsbewertung sein, akzeptieren sie deren Ergebnisse eher, wenn sie am Bewertungsprozeß beteiligt werden.

An dieser Stelle scheint es erforderlich, einmal darauf hinzuweisen, daß es zunächst nicht von den Mitarbeitern erwartet werden darf, sich für betriebliche Erfordernisse und Maßnahmen um der Erfüllung des Betriebszweckes willen zu interessieren, sondern daß es eine grundsätzliche Aufgabe des Unternehmers ist, seine Mitarbeiter zu motivieren, sich für den Betrieb einzusetzen und notwendige Veränderungen zu akzeptieren. Ein wichtiges Mittel, um diese Aufgabe zu erfüllen, ist die Erklärung von Notwendigkeit und Funktionsweise neu eingeführter Verfahren. In der

Mehrzahl der Fälle liegt die Ursache dafür, daß die Wirkungsweise bestimmter Maßnahmen vom Personal nicht verstanden wird, nicht bei den Mitarbeitern, sondern beim Unternehmer, weil er entweder nicht in der Lage oder nicht willens ist, sie so zu erklären, daß sie verstanden werden kann. Auch die Bereitschaft, neue Verfahren, wie etwa die oben angeführte Methode der Ermittlung der Grundgehälter und der Verteilung der Prämie nach Maßgabe der Schwierigkeit der zu verrichtenden Tätigkeit, zu akzeptieren und auszuprobieren, ist bei den Mitarbeitern in aller Regel nicht geringer als beim Unternehmer. Gerade die Unternehmer sind es nämlich, die einerseits ständig die Schwächen und negativen Auswirkungen einer paritätischen oder anderen, bisher praktizierten Verteilung der Prämie beklagen, sich andererseits aber mit derselben Beharrlichkeit jeglichen Verbesserungen mit dem Hinweis auf die Schwierigkeit ihrer Durchführung entziehen.

8. Freiwillige Sozialleistungen

Der Fallstudie ist zu entnehmen, daß die Mitarbeiter von Novo-Markt — abgesehen von einer Weihnachtsgratifikation in Höhe eines halben Monatsgehalts — keine freiwilligen Sozialleistungen erhalten. Allerdings müssen die tatsächlichen oder kalkulatorischen Kosten für die Zimmer, die einigen Mitarbeitern kostenlos zur Verfügung gestellt werden, dem Bereich der freiwilligen Sozialleistungen zugeordnet werden. Da jedoch nur ganz wenige Mitarbeiter in den Genuß dieser Zimmer gelangen, erhält die große Mehrheit der bei Novo-Markt Beschäftigten als freiwillige, d. h. über die durch Gesetz oder Tarifvertrag verbindlich geregelten Aufwendungen hinausgehende, Sozialleistung lediglich die bereits erwähnte Weihnachtsgratifikation.

Im Hinblick auf das schlechte Personalimage von Novo-Markt muß Markus den freiwilligen Sozialleistungen mehr Beachtung schenken als bisher. So sollte er beispielsweise die in zahlreichen Betrieben des Einzelhandels bereits bewährte Maßnahme der Gewährung eines *Rabattes* bei Personalkäufen einführen. Dadurch wird den Mitarbeitern der Betrieb als Einkaufsstätte für Lebensmittel attraktiver und Markus nimmt ihnen das Gefühl, daß er auch an ihnen als Kunden noch verdienen möchte[31].

Weiterhin könnte Markus seinen ganztags Beschäftigten einen angemessenen Betrag als *Essenszuschuß* gewähren, zumal in seinem Betrieb

---

[31] Abgesehen von seinen positiven personalpolitischen Auswirkungen ist der Personalrabatt auch unter kalkulatorischem Aspekt zu vertreten, selbst dann noch, wenn seine Höhe die gesamte Bruttospanne der einzelnen Artikel abdecken sollte; denn Personalkäufe haben grundsätzlich dieselben Auswirkungen auf den Lagerumschlag wie „normale" Kundenkäufe.

kein attraktiver Raum zur Verfügung steht, in dem die Mitarbeiter einen Imbiß zu sich nehmen können. Darüber hinaus wäre es denkbar, im Keller eine Kaffeemaschine aufzustellen und *kostenlos Kaffee* an die Beschäftigten auszuschenken. Außerdem wäre zu erwägen, den Mitarbeitern, die weiter entfernt von Novo-Markt wohnen, ihre täglichen *Fahrtkosten zu erstatten*. Diese und ähnliche Maßnahmen führen nicht nur zu positiven finanziellen Auswirkungen auf die Beschäftigten, sondern vermögen darüber hinaus — und gerade darin liegt ihre besondere Bedeutung — die Betriebsverbundenheit der Mitarbeiter zu stärken. Insbesondere unter diesem Gesichtspunkt dürfte die Gewährung freiwilliger Sozialleistungen einen Beitrag zur Lösung der akuten Personalprobleme von Markus leisten. Zu betonen ist jedoch, daß der Schwerpunkt der Bemühungen, die drängenden Personalprobleme von Erwin Markus zu lösen, bei den anderen, in dieser Schrift ausführlich diskutierten, personalpolitischen Instrumenten liegen muß.

Literaturverzeichnis

Barth, K.: Grundlagen der Personaleinsatzplanung im Einzelhandel, in: Distributionswirtschaft, Festgabe zum 75. Geburtstag von R. Seyffert, hrsg. von E. Sundhoff, Köln und Opladen 1968, S. 199 - 220.

Berger, R.: Verkäuferinnen- und Führungsnachwuchsprobleme bei Stüssgen, im Selbstverlag, München 1969.

Bornemann, E.: Betriebspsychologie, Wiesbaden 1967.

Dichtl, E.: Die absatz- und kostenwirtschaftliche Prüfung eines Investitionsobjekts im Einzelhandel, erläutert anhand einer authentischen Fallstudie, Berlin 1969.

v. Eckardstein, D.: Laufbahnplanung für Führungskräfte, Berlin 1971.

— Job Rotation, in: Management Enzyklopädie, Band III, München 1970, S. 774 - 778.

Gaugler, E.: Leistungsbeurteilung und Leistungsbeteiligung im Einzelhandel, in: Mensch und Arbeit, 7. Jg. (1955), S. 177 - 180.

Hannig, W.: Die soziale Dimension, in: Lebensmittelzeitung Nr. 52 vom 24. 12. 1970.

Heinen, E.: Einführung in die Betriebswirtschaftslehre, 3. Auflage, Wiesbaden 1970.

Henksmeier, K. H. und F. *Hoffmann:* Arbeitsorganisation im SB-Laden, Köln 1963.

Höhn, R.: Menschenführung im Handel, Bad Harzburg 1962.

Kosiol, E.: Leistungsgerechte Entlohnung, überarbeitete und erweiterte 2. Auflage der „Theorie der Lohnstruktur", Wiesbaden 1962.

Krems, U. und F. *Seidel:* Erfolgsbeteiligung im Einzelhandel, München 1966.

Ludwig, W. F.: Prämienentlohnung im Einzelhandel, hrsg. vom Institut für Selbstbedienung, Köln 1966.

Mies, W.: Arbeitsrationalisierung im Verkauf, Köln 1964.

Nieschlag, R.: Das Problem der Systematisierung personalpolitischer Maßnahmen, in: Verantwortliche Betriebsführung, Festschrift zum 70. Geburtstag von G. Fischer, hrsg. von E. Gaugler, Stuttgart 1969, S. 197 - 209.

Nieschlag, R., E. *Dichtl* und H. *Hörschgen:* Einführung in die Lehre von der Absatzwirtschaft, 3. Auflage, Berlin 1970.

Schnellinger, F.: Leistungslohn im Handel, Berlin 1969.

— Die Messung der Verkäuferleistung als Voraussetzung einer Leistungsentlohnung im Handel, in: Der Markt, Nr. 28, 1968, S. 72 - 78.

Spiegelhalter, F.: Ziele und Möglichkeiten der Ergebnisbeteiligung der Arbeitnehmer, Paderborn o. J.

Staudacher, F.: Die Informationspolitik. Ein Instrument betrieblicher Personalpolitik, Diss. München 1967.

Tietz, B. und D. *Zimmer:* Die gegenwärtige Ausbildung von Führungskräften im Handel in der Bundesrepublik Deutschland — Eine Bestandsaufnahme. Gutachten, erstellt im Auftrage des Bundeswirtschaftsministeriums durch das Handelsinstitut an der Universität des Saarlandes.

Printed by Libri Plureos GmbH
in Hamburg, Germany